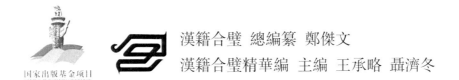

漢籍合璧 總編纂 鄭傑文

漢籍合璧精華編 主編 王承略 聶濟冬

國家出版基金項目
NATIONAL PUBLICATION FOUNDATION

盱壇直詮校注

〔明〕羅汝芳　撰

〔明〕曹胤儒　編

翟奎鳳　石　霞　整理

漢籍合璧精華編

學術顧問（按齒序排列）：

程抱一（法國） 袁行霈 項 楚 安平秋 池田知久（日本）
柯馬丁（美國）

編纂委員會（按姓氏筆畫排列）：

主 任： 詹福瑞
委 員： 王承略 王培源 王國良 吕 健 杜澤遜 李 浩 吳振武
何朝暉 林慶彰 尚永亮 郝潤華 陳引馳 陳廣宏 孫 曉
張西平 張伯偉 黃仕忠 朝戈金 單承彬 傅道彬 鄭傑文
蔣茂凝 劉 石 劉心明 劉玉才 劉躍進 閆純德 閻國棟
韓高年 聶濟冬 顧 青

總 編 纂：
鄭傑文

主 編：
王承略 聶濟冬

本書編纂：
辛智慧 李 兵 林 相 段潔文

本書審稿專家：
唐子恒

國家重點文化工程"全球漢籍合璧工程"成果

山東省中華優秀傳統文化傳承發展工程重點項目

前　　言

　　中華優秀傳統文化是中華民族寶貴的精神財富。古籍是中華優秀傳統文化的載體,凝聚了古人的智慧,承載了中華民族在人類發展史上的貢獻。古籍整理,是一種傳承、發展中華優秀傳統文化精髓的基礎研究,是一項事關賡續中華文脉、弘揚民族精神、建設文化强國、助力民族復興的重要工作。古籍整理研究雖面對古籍,但要立足當下,把握時代脈搏,將傳統與現實緊密結合,激活古籍的生命力,推動中華文明創造性轉化和創新性發展。

　　山東大學向來以文史見長,在古籍整理研究方面成就斐然。從 2010 年開始,承擔了國家社科基金重大委托項目“子海整理與研究”,遴選先秦至清代的子部書籍中的精華部分進行影印複製和整理研究,已取得了豐碩的成果。自 2018 年始,山東大學在已有的古籍整理成功經驗的基礎上,又承擔了國家重點文化工程——“全球漢籍合璧工程”,主要是對海外存藏的珍本古籍複製影印和整理研究,旨在爲海内外從事古代文、史、哲、藝術、科技專業研究的學者提供新的資料和可信、可靠的研究文本。“漢籍合璧工程”共有四個組成部分,即“目録編、珍本編”“精華編”“研究編”和數據庫。其中,“精華編”是對海外存藏、國内缺藏且有學術價值的珍本古籍進行規範的整理研究。在課題設計上,進行了充分的調查分析和清晰定位,防止低水準重複。從選題、整理、編輯各環節中,始終堅持精品意識,嚴格把握學術品質。“漢籍合璧精華編”的整理研究團隊由近 150 人組成,集合了海内外 30 多所高校和研究機構的古文獻研究者,整理研究力量較爲强大。我們力求整理成果具有資料性、學術性、研究性、高品質的學術特色,以期能爲海内外學者和文史愛好者提供堅實的、方便閲讀的整理文本。

　　“漢籍合璧精華編”採用五次校審、遞進推動的管理模式。一、整理者提交文稿後,初審全稿。編纂團隊根據書稿的完成情况,判斷書稿的整體整理質量，做出退改或進入下一步編輯程序的判斷。二、通校全稿。進入編輯程序的書稿，編纂團隊調整格式，規範文字，初步挑出校點中顯見的不妥之處。三、匿名評審。聘請資深專家通審全稿，全面進行學術把關，盡力消滅硬傷，寫出詳盡的審稿意見。四、修改文稿。專家審稿意見及時反饋給整理者，整理者根據審稿意見修改，完成新文稿。五、終審文稿。待新文稿返回後，主編作最後的質量把關。五步程序完成後，將文稿交付出版社。出版社同樣進行嚴格的審稿、出版程序。

　　五次校審的目的是爲了保證學術質量，提高整理水準，減少訛誤和硬傷。但校書如掃塵埃落葉，"漢籍合璧精華編"儘管經多道程序嚴加把關，仍難免有錯，懇請方家不吝指教。"漢籍合璧精華編"編纂團隊將及時總結經驗，吸取教訓，把工作做得更好，以實現課題設計的初衷。

目　録

整 理 説 明

　　羅汝芳（1515—1588），字惟德，祖籍江西南城，因家居南城泗石溪上，遂號近溪，又稱羅盱江。嘉靖三十二年（1553）進士，知太湖縣，擢刑部主事，出守寧國府，後遷雲南屯田副使轉參政。與陽明親傳弟子王畿（字汝中，號龍溪，1498—1583）並稱“二溪”，有“龍溪筆勝舌，近溪舌勝筆”之譽，一生講學不輟，是陽明後學的重要人物，其理學思想屬於王學左派的泰州一系。《明史》卷二八三《王艮傳》云：“艮傳林春、徐樾，樾傳顏鈞，鈞傳羅汝芳、梁汝元，汝芳傳楊起元、周汝登、蔡悉。”從這一思想傳承譜系中足以看出羅汝芳思想在整個泰州學脈位居中間且具有重要地位。羅汝芳一生著述頗豐。據《近溪子文集》卷首《羅明德公文集書目》載，共九十三種，今存十八種。《盱壇直詮》就是其中之一，爲後人所編的語録彙集，是羅汝芳著作中最有影響者，可謂是其思想宗旨的集中代表作。

　　《盱壇直詮》全書分上下兩卷，羅汝芳門人曹胤儒彙編，萬曆三十七年己酉（1609）程開祜印刻。曹胤儒，一作允儒，字汝爲，更字魯川，江蘇太倉（今江蘇省東南部）人。曾任福建龍巖知縣，從學羅汝芳，是羅汝芳最早的入室弟子之一。曹胤儒親炙羅汝芳多時，被當時學者及衆多弟子推舉爲師門首席，深得羅汝芳學旨，可以説是最解其師學術者。他一生致力於傳播羅汝芳的學術，擇編其語録精華而成《盱壇直詮》一書，羅汝芳之思想精蘊盡在其中。另編輯有《七閩會語》一書，可惜今已亡佚。據曹胤儒《〈盱壇直詮〉跋》載，萬曆三十四年丙午曹胤儒邀請楊起元（號復所，1547—1599）弟子袁黃（號了凡，1533—1606）校閱所編《盱壇直詮》，由此可知，是書當於萬曆三十四年已編定。袁黃閱後認爲“今予亦無庸校矣，曷不亟梓之以公之人”，曹胤儒遂“撮其緒跋之”，並交由程開祜印刻。

　　楊起元《〈盱壇直詮〉敘》言：“蓋丈以時之爲師學者，多影響於學樂，而黏著夫當下，未有以睹其全而闡其奧，且有疑信吾師而未知所適從焉者，故揭此以爲指南。”很顯然，曹胤儒編撰《盱壇直詮》的原因在於世之學者對羅汝芳思想的片面理解，或專注於“學樂”，或膠著於“當下”說，對羅汝芳思想的全貌尚且不能把握，更不用說闡發其奧旨了。這導致對羅汝芳學問的研究愈加支離破碎，讓人對其思想生出“無所適從”之感，而緊隨其後的各種質疑聲、批判聲則致使對羅汝芳的誤解越来越深。在這樣的情勢下，爲時學提供一部揭示羅汝芳學旨、釐清其思想內涵的有力指南實是當務之急。

　　事實上，對羅汝芳思想的批判聲由來已久。儘管當時的學者和弟子們對羅汝芳給予了極高的評價：王畿謂“羅近溪，今之程伯子也。接人渾是一團和氣”。耿定向（字在倫，號楚侗，又號天臺，1524—約1596）曰：“惟學惟誨，集聖大成，志紹孔業，誰可與論？惟公智及，世鮮其倫。”楊起元曰：“姚江一脈，枝葉扶疏，布散寰宇，而羅子集其成焉”，“學不厭，教不倦，平常而通性命，易簡而該神化，自孔子以來，未有吾師者也。”（《盱壇直詮》卷下）……然而學術界對於羅汝芳學亦不乏批評者，如許孚遠（字孟中，號敬庵，1535—1604）便曾評價羅汝芳思想曰：“大而無統，博而未純”，又說：“翁器度廣博而智識圓通，儒耶？釋耶？玄耶？”“以孔子、釋迦、老聃之所不能相兼者而思兼之，蓋亦過矣。”[①]他批評羅汝芳之學兼三教，雖然表現出學問的廣博性、圓通性，但是已經逸出儒家正統，邁入玄、禪之流。管志道（號東溟，1536—1608）亦對羅汝芳的思想進行嚴厲批評：“概以博大圓通爲教體，而堤防不密，門牆太濫，僞夫得以名利巢其中。譚及孔門鳴鼓之攻，過門之拒，似猶嫌尼父之不廣，而借出世之圓宗以爲解也。中有豪宕敏給之士，窺圓宗之一班者，輒取宗風掃孔矩，而吾復無以裁之。”[②]他以“博大圓通”概括羅汝芳學問的特徵，進而指出這一學問特徵的弊端在於雜合佛老思想，雖然呈現出思想體系的廣博性但缺乏系統性；用世意識太強，張惶於講學，而在排斥異端邪說、捍衛儒家道統上用力不足，致使羅汝芳之學成爲假道學家追名逐利的工具。這股批判浪潮的指向大抵一致，認爲羅汝芳學問雜亂無章，缺乏一貫的宗旨；同時認爲其思想摻雜佛禪因素而非正統儒學。羅汝芳在世之時時人對其思想的誤解尚且如此之深，及其沒後，時儒或

---

① 《敬和堂集》卷四《簡羅近溪先生》第一書，日本內閣文庫藏明萬曆三十二年刻本，第49頁。
② 《惕若齋集》卷一《惕見二龍辨義》，明萬曆二十四年敘刻本，第60頁。

擇其思想的一端而加以闡發,以爲窺得羅汝芳思想的全貌;或以羅汝芳思想玄虚近禪而加以排斥,導致對其思想的理解愈加支離破碎。在這一背景下,對羅汝芳思想進行歸納整理以糾正學界對其思想的誤解、重新開示後學成爲羅汝芳門人的首要關切,亦構成了編校《盱壇直詮》的直接目的。

按程開祜《鐫〈盱壇直詮〉序》記載,羅汝芳逝世後,曹胤儒"慮先生生平紀録,分佈雜出,學者罕見其全,況窺其要",於是著手彙集羅汝芳思想之精髓而編爲一書,並由楊起元定名爲《盱壇直詮》,以便學者把握羅汝芳思想之精要。誠然,《盱壇直詮》中講學語録爲曹胤儒精心擇取編排,基本能够集中體現羅汝芳思想的特色與旨趣。程開祜序又云:"其學獨得宣聖之大,以明明德於天下爲宗旨,以孝弟慈爲實際,以不學不慮之知能爲運用。"大體説明了羅汝芳思想的核心,亦揭示了《盱壇直詮》全書的主要内容。書中主要記録了羅汝芳的講學言論,通過羅汝芳與弟子之間的對答,揭示了羅汝芳學旨,基本上囊括了羅汝芳全部的哲學體系和基本主張,爲全幅瞭解其學術提供了簡要的指南。相較於其他語録彙集,書中還有許多羅氏與曹胤儒之間的對答,内容更加真切、豐富。並且,書下卷另附有曹胤儒結合羅汝芳從弟汝貞所述其兄生平行實,參以自己所見所聞以及後人所作的《狀》《志》而作的羅汝芳生平事迹行述,内容極爲詳實,是研究羅汝芳生平事迹的重要參考資料。

程開祜匯校完《盱壇直詮》後,將羅汝芳思想主旨概括爲如上四部分,此説大抵不差。按《盱壇直詮》下卷載,曹胤儒拜謁羅汝芳時,曾當著焦竑(字弱侯,號漪園、澹園,1540—1620)、李贄(字宏甫,號卓吾,1527—1602)等人的面概括其師所"分授家事"爲:"天地萬物爲一體,使天地萬物各得其所爲極致,所謂大學,所謂明明德於天下,是吾師之門堂閫域;老吾老及人之老,幼吾幼及人之幼,所謂仁義之實,所謂道邇事易,是吾師之日用事物;赤子不慮之良知、不學之良能,與聖人之不思不勉,天道之莫爲莫致,是吾師之運用精神。"師聞後笑曰:"予雖無如許層折,然大段亦得,吾子勉之。"從羅汝芳的回答可以看出,對於曹胤儒對其思想大旨的把握,他基本上是表示認同的。這種概括在當時儒門已有共識,大致可以反映羅汝芳思想的主要面貌。概括來看,對羅汝芳思想核心的歸納大致包括"求仁説""赤子之心説""孝弟慈説""萬物一體説"。嚴格地説以上四者並不足以囊括《盱壇直詮》所涵蓋的全部命題,"心論""性論""中論""格致説""良知説""當下説"等命題在書中亦有較爲詳細的論述,反映了其作爲心學一脈、陽明後學以及泰州學派之傳學人物的問題意識和話語環境，體現了羅汝芳思想中的積極救世精神和淑世情懷。限於篇幅，以下僅通過上述幾個核心命題對全書主要内容略作闡發，並簡要地概述羅汝芳思想，以期爲全幅了解其學術提供簡要的指南。

（一）求仁説

“求仁説”是羅汝芳思想的核心。羅汝芳曾明確地對弟子説“孔門宗旨在於求仁”“孔子之學，在於求仁”（《盱壇直詮》），將“求仁”概括爲孔門思想宗旨。這一宗旨實際上亦是羅汝芳思想宗旨之所在。儘管羅汝芳本人未如陽明一般總結概括其立言宗旨，但從其講學論道的内容以及後人對其思想宗旨的評述來看，亦足以窺得其思想宗旨不離乎求仁宗旨。

以“求仁”爲宗是羅汝芳思想成熟的標誌之一，其形成經歷了一段艱辛的路程。按曹胤儒《羅近溪師行實》記載，羅汝芳生長於一個儒學世家，家風純正祥和，强調父慈子孝、兄友弟恭，並極其重視子女教育。五歲時母親便授羅汝芳以《孝經》、小學。自幼聽父親講授聖人之學，並隨父聽饒行齋論陽明功業學脈。十五歲時，羅汝芳拜師新城張洵水學習舉業，張洵水爲人英爽高邁，事母至孝，且“每謂人須力追古先”，在這樣一種人格感召下，羅汝芳便一意以道學自任。其間羅汝芳篤信程朱理學一派工夫，不想若干年後卻因此得大病，後羅父授以《傳習録》，病稍愈。二十六歲遇顔鈞（字子和，號山農，1504—1596）會講豫章，與之洽談，悟“制欲非體仁”之旨，明白心病之癥結所在，於是拜顔鈞爲師，意識到體仁之妙在於放心，遂專修性命之學。

在羅汝芳的學術生涯中，師事顔鈞對其思想主張的形成起著關鍵作用。羅汝芳對《傳習録》的領悟是其思想上由程朱轉向陸王的契機，直至拜師顔鈞後，羅汝芳的心病纔得以根治，真正徹底地完成了這一思想轉向。顔鈞指出，羅汝芳心病的癥結在於專做内斂的强制去欲工夫而背離真正的“體仁”大旨，殊不知更爲根本的“體仁”工夫必須落實在原來自足的本心上，做到“自信本心”、求其“放心”、擴充良知。如此一來則自然“體仁”而心病自除。此次經歷，意味著羅汝芳思想開始對宋儒克己制欲、向内收攝的工夫路數進行反思，進而服膺心學的反求本心、致良知的擴充工夫。在早年的生存體驗和求學歷程中，羅汝芳早就對《論語》《孟子》的“仁愛”“孝悌”之旨有了深刻的切身體會與領悟,爲他重視孝悌之德打下了基礎,在經歷了這次思想轉向後,羅汝芳反復研讀《論語》《孟子》,愈覺孔孟思想親切,進而篤定學問宗旨無非"做個好人",無非孔孟"孝悌"一語道盡。於是立志回歸孔孟仁學,亦即"孝悌"之學。在由諸家經典回歸《論》《孟》、由諸儒之學回歸孔孟宗旨的學術轉向的過程中,"制欲非體仁"之悟提供了重要的契機。不久後羅汝芳學易於楚中胡宗正,方纔明白"天生孔孟爲萬世定魂魄、立性命"(《近溪子集·御》),"一切經書皆必歸會孔孟,孔孟之言皆必歸會孝悌"(《近溪子集·樂》),堅定了回歸孔孟的學術志向,悟出了儒家倫理中"孝悌"原則的重要性。

在此後十餘年"自信本心"的過程中,[①]羅汝芳對程朱和陸王的思想主張進行了批判性反思,由此形成自己的解釋立場,最終確立了回歸孔孟這一基本的思想走向,並在孔孟這裏尋找自己思想的理論資源。他説:"孔子謂'仁者人也,親親之爲大焉',其將《中庸》《大學》已是一句道盡。孟子謂'人性皆善,堯舜之道,孝弟而已矣',其將《中庸》《大學》亦是一句道盡。"(《會語續錄》卷下)顯然,羅汝芳認爲《論語》《孟子》的"仁愛""孝悌"之語便足以概括《大學》《中庸》義理,此段精神渾融於一切經書之中,並且構成了孔孟思想的主旨。通過對仁、孝這一孔孟宗旨的重新發現,羅汝芳思想的基本格局得以形成。

對於"仁"的具體內涵,羅汝芳繼承了先儒以"生生"釋"仁"的傳統,在他看來,宇宙間天地萬物活潑的生機最能體現儒家之仁。他説:"天地之大德曰生,夫盈天地間只一個大生,則渾然亦只是一個仁矣。中間又何有纖毫間隔,又何從而分得天地、分得萬物也哉?""天地之大德曰生",生生而無窮盡即"仁",自然界與人類社會處處充滿著化育萬物之生機。宇宙萬物的生成、一切自然、社會現象莫不是生的顯露,莫不是仁的體現。顯然,"生生"在羅汝芳這裏具有了本體論的內涵。又説:"夫仁,天地之生德也,天地之大德曰'生',生生而無盡曰'仁',而人則天地之心也。夫天地亦大矣,然天地之大,大於生;而大德之生,生於心。生生之心,心於人也。故知人之所以爲人,則知人之所以爲天。知人之所以爲天,則知人之所以爲大矣。"(《盱壇直詮》卷上)天地萬物莫不由

---

① 近溪拜師顏山農以後,舉會試及格卻因病不就廷試而歸,隨後潛心研習理學。在這數十年的問學期間,近溪經歷了五次大"悟":"先天未畫前"之悟;"格物"之悟;"孝悌慈"之悟;"證道於泰山丈人"之悟;"心性"之悟。經過這五次證悟,近溪的學問規模大體確立,其思想格局基本形成。

此生生之仁創生。天地以生物爲心，人心根源於天心，亦體現了天地生生之仁德。故說生生即仁，仁即是心，心即是人，人即是天。由此，"心"也有了"生"的内涵，此"生"構成了人聯結人心與外物的紐帶，亦是人的本質體現。

此外，羅汝芳常以"仁者人也，親親爲大"指點"求仁"之學。他說："孔子教人爲人，只要人孝弟，所以又說'仁者人也，親親爲大'，'親親'即仁。以孝弟之'仁'而合於'爲人'之'人'，則孝可以事君，弟可以事長，近可以仁民，遠可以愛物，齊治均平之道，沛然四達於天下國家而無疆無盡矣。合而言之，則道豈有不生也哉?"(《盱壇直詮》卷下)羅汝芳言"仁者人也"，又言"親親即仁"，很顯然，羅汝芳將"仁與人""人與孝弟"是一體而觀的，視三者爲相互依存的關係。孝悌是踐行仁義的開端和根源，仁是人之爲人的超越根據和最終目標，而作爲實踐主體的人則成爲中間媒介，將孝悌與仁聯結在一起。具體的求仁之學則要求人們在實踐中能夠以"親親爲大"，將"親親"貫穿於行仁之始終。人之初生爲孩提時，便已知孝親敬長，如果人們能夠在個人成長過程中保證此孝悌之心不失，並將其推擴至家國天下，則能成就"大人之學"，成爲一個真正的聖人。

(二) 赤子之心説

羅汝芳喜言"赤子之心"，《近溪子集》中"赤子之心"出現的頻次極高，故其後學普遍視之爲羅汝芳學術宗旨。羅氏赤子之心的提出是他綜合孔孟仁説、赤子説和陽明良知説的結果。《孟子·盡心上》："人之所不學而能者，其良能也;所不慮而知者，其良知也。孩提之童，無不知愛其親者;及其長也，無不知敬其兄也。親親，仁也;敬長，義也。無他，達之天下也。"所謂"不學而能""不慮而知"的"良能""良知"是指人們先驗的、普遍的道德心理本能與知識，是人性善的萌芽，以此爲基礎加以擴展，就可以發展成爲仁義之性。在孟子這裏，"良能""良知"是作爲道德概念來使用的，爲孔子的仁學提供了内在依據。王陽明在繼承孟子良知概念内涵的基礎上將"良知"進一步本體化了，陽明説："良知"是"造化的精靈"，它"生天生地"，是"與物無對"的宇宙根源，這樣，"良知"就與"天理"同一了，成爲本體論的範疇，陽明説："良知即是天理"，"夫心之本體，即天理也，天理之昭明靈覺，所謂良知也。"(《傳習錄》卷上)可見，"良知"既是宇宙之本體，又是人倫日用的道德根據。

及至羅汝芳，則進一步從孟子"大人者，不失其赤子之心"一句拈出"赤子之心”的概念，作爲“本心”概念的通俗解釋，以之剖析良知心體的本質。他説：
“我之初生，一赤子也，赤子之心，渾然天理，其知不必慮，其能不必學，蓋即莫
之爲而爲、莫之致而至之體也。”(《盱壇直詮》卷上)赤子之心是人心的初生狀
態，由生生不已之天道(天命之性)化生而來。此心純粹無雜，無善而無不善，
雖不學不慮，卻不學而知、不慮而能，故又可稱爲至善。如此一來，人性至善的
抽象概念便能够在人人本有的赤子之心上得到直觀、經驗的證明。這種原初
狀態的純粹至善的赤子之心，具體表現爲一種最自然亦最完善的道德情感，是
良知心體的當下現成，是不經思慮而能直接顯明的本心的實際反映。雖然赤
子之心在外在表現形式上不同於天，但從本體上來看，兩者實無分别。赤子之
心具有純然無雜、不學不慮、純粹至善的特性，因而赤子之心實際上就是聖人
之心，具備赤子之心的上述狀態就能達到儒家所一貫推崇的“聖人”境界：“然
則聖人之爲聖人，亦惟以其不慮不學者，同之莫爲莫致者。我常敬順乎天，天
常生化乎我，久之自成不思不勉從容之聖人矣。”“赤子之心不失而大人入聖之
事備矣。”(《盱壇直詮》卷上)

　　羅汝芳在强調赤子之心粹然無雜、渾然至善的本質特徵的同時，亦强調指
出赤子之心在人們成長的過程中亦有喪失的可能：“生人之初，如赤子時，與天
甚是相近。奈何天生而靜，後卻感物而動，動則欲已隨之，少與欲間，則天不能
不變而爲人，久爲欲引，則人不能不化而爲物，甚而爲欲所迷且蔽焉，則物不能
不終而爲鬼魅妖孽矣。”(《盱壇直詮》卷下)人在誕生之初的赤子之心與天最爲
接近，是與天命之性完全一致的至善至靜的道德本體。但是隨著人在成長過
程中不斷與各種人、事、物相接觸，人心爲物所牽引而隨之産生各種各樣的欲
望。在欲望不斷生成的過程中，人漸漸背離至善天性，變爲平庸之人，甚至完
全被利欲障蔽，陷溺在其中而淪爲與禽獸一般的物類存在。接著，羅汝芳還以
生活中的具體案例對先天善性及後天經驗生活中惡的生成進行解釋：“吾人與
天，原初是一體，天則與我的性情，原初亦相貫通；驗之赤子乍生之時，一念知
覺未萌，然愛好骨肉，熙熙恬恬，無有感而不應，無有應而不妙，是何等景象，何
等快活！奈何後因耳目口體之欲，隨年而長，隨地而增，一段性情，初焉偏向自
私，已與父母兄弟相違，自少及壯，則天翻地覆，不近人情者，十人而九矣。”
(《盱壇直詮》卷下)人們在赤子初生之時，人性與天道相貫通，是一個至精的性
善之體，雖未萌善念，但隨感隨應，生機活潑，自然表露爲愛親敬長之行，是一

個純善無惡的至善之性。但隨著年歲的增長，人之性情遂背離天性而偏向自私，不近人情，甚至淪爲"物類妖孽""人中禽獸"。很顯然，在羅汝芳看來，人性並不是自私的、惡的，人降生之初完全與天道相接，是純粹至善的存在，但受後天耳目口體之欲的干擾，惡行便産生了。

純粹至善只是赤子之心的本然狀態，可稱其爲"天心"；就其現實狀態而言，則趨於自私自利，有淪爲禽獸物類的可能。因此如何應對這一可能，如何解決這一偏向成就聖人就是羅汝芳格外關注的問題。爲此，羅汝芳特別強調世人應該"當下反求"，因爲"本體依舊還在"，如此則知是知非的赤子之心能够自然生發道德自覺心，物來順應，達致"純然而無雜，渾然而無爲"的地步。因而人生的關鍵在於體認、保聚這一至善赤子之心，如此"本來赤子之心完養，即是大人之聖。人至大聖，便自然天地合其德，日月合其明，四時合其序，鬼神合其吉凶矣"（《盱壇直詮》卷下）。

羅汝芳弟子曾問及"赤子之心"説的旨趣何在："大人不失赤子之心，其説維何？"羅汝芳答曰："凡看經書，須先得聖賢口氣，如此條口氣，則孟夫子非是稱述大人之能，乃是讚嘆人性之善也。"（《明道録》）羅汝芳指出，此條乃孟子讚嘆人性善之語。蓋因世人信不過孟子性善説，則對"善之根本"（本心/良知）無法把握，如此更何況"善之枝葉"呢。爲了使世人尊信至善本性，羅汝芳特意拈出"赤子之心"進行闡發，以孩童赤子見父知愛、見兄知敬之自然情感指點、讚嘆人性之善，詮釋本心與良知本體，使得良知概念更加淺顯易懂，亦使得百姓更加明白良知本體之性善、良知之妙用流行。

（三）孝弟慈説

"孝弟慈"説在羅汝芳的整個思想體系中具有重要地位。羅汝芳早年師從顔鈞和胡宗正以後，便有"一切經書歸會孔孟，孔孟之言，皆必歸會孝弟"之説，悟出"孝弟"這一倫理原則的重要性。其後又悟"格物"之説，悟"孝弟慈"即《大學》"其格至善"之格物工夫的具體"規矩""格則"。不久後又悟得《大學》之"孝弟慈"即《中庸》之"天命之性"。至此則將"孝弟慈"與四書五經融會貫通，將一切經書思想歸會孔孟之"求仁""孝弟慈"。其晚年所刊行《近溪子集》中更是頻繁論述"孝弟慈"，"孝弟慈"構成了羅汝芳晚年講學的重要內容，故王時槐（字子直，号塘南，1522—1605）説："今《會語》出晚年者，一本諸孝弟慈，絶口不及二氏。"(黄宗羲《明儒學案》卷三四)從羅汝芳一生的治學路徑來看,其思想體系的形成、發展,以及其理論核心是不離乎"孝弟慈"的。

《大學》云:"孝者,所以事君也;弟者,所以事長也;慈者,所以使衆也。"要之,"孝弟慈"不僅適用於處理家庭關係,也應當適用於國家社會的治理。具體而言,孝悌是由下向上的倫理原則,強調的是順從;慈則是由上而下的倫理原則,突出的是關愛。羅汝芳有時單提孝悌,而到了晚年則多"孝弟慈"並舉,視其爲人們天生擁有的人倫情感中的基本要素,並將此作爲維繫和調節國家、社會、家庭等各種關係的基本原則。很顯然,由於"慈"的"使衆"含義所具有的外向性及社會功能,在羅汝芳這裏,"孝弟慈"構成了内聖外王之學的融通之處。

他解釋"孝弟慈"曰:"夫孩提之愛親是孝,敬兄是弟,未有學養子而嫁是慈。此之孝弟慈原人人不慮而自知、人人不學而自能,亦天下萬世不約而自同者也。今只以所自知者而爲知,以所自能者而爲能,則其爲父子兄弟足法而人自法之,便喚做'明明德於天下',又喚做'人人親其親、長其長而天下平'也。此三件事從造化中流出,從母胎中帶來,遍天遍地,亘古亘今。"(《盱壇直詮》卷上)羅汝芳以"赤子之心"昭示良知本體,而"孝弟慈"則爲人人與生俱來的赤子之心的自然流露,是天賦於人性中的先驗之理,構成了良知本心的具體内容。他認爲,"孝弟慈"乃從天命造化中流出的天生明德,具有不學而知、不慮而能的特點。此"孝弟慈"即是聖人所講的"三件大道理"、古先帝王的"三件大學術",百姓愛親、敬長、慈幼則家庭和睦,帝王以此"孝弟慈"修己率人,推之於家國天下則家家户户共相敬愛、共相慈和而爲大順之治。也就是說,"孝弟慈"不僅是基本的家庭倫理原則,更是社會、國家治理的基本原則,而孔子《六經》的嘉言懿行,亦無非是"孝弟慈"普遍倫理原則的貫徹落實。

此外,羅汝芳尤其注重"仁者人也,親親爲大"一句,以之論述孝悌與仁的關係,他說:"學以成乎其人者也。故聖門宗旨,的在求仁,而曰'仁者人也,親親爲大'。夫人生之初,則孩提是矣,孩提所知,則愛其親、敬其長焉是矣。愛敬不失其初,則舉此加彼,自可達之人人,聯屬家國天下,以成其身,人曰大人,學曰大學矣。"(《盱壇直詮》卷上)羅汝芳以孔孟"求仁"爲宗,立志回歸孔孟仁學立場,他認爲,孔子"求仁"之學乃"成人"之學,其關鍵在於落實到人們的"孝弟"實踐上來。所謂"仁者人也"意味著要落實到現實的人上去求仁。"親親爲大",具體包含兩種含義。首先可將"大"釋爲"重要"與"切近","親親爲大"意爲求仁必須落實在愛親敬長的日用倫常之中。其次,羅汝芳在此主要將它釋爲"擴充"之意。所謂"親親"不僅停留在孝道的範疇,更意味著將"親親"由家庭倫理範圍擴展到社會倫理範圍。"親親"即"孝",是"仁"的原點,"親親爲大"即要以"孝悌慈"貫穿行仁之始終,推廣至天下國家,直至達到"中心安仁,盡天下而爲一人者"的至仁境界。此"仁"纔是真正的"仁",是"大人之學"與"大學之道"的目標,亦是人們追求的最高理想。

(四) 萬物一體説

二程常言"仁者以天地萬物爲一體",並以此作爲人生的最高境界。此説對陸王以來的心學理論影響至深。門人詹事講(字明甫,別號養貞)曾説:"師之心,仁心也;師之體,仁體也。仁者以天地萬物爲一體,師其有之矣。"(《盱壇直詮》卷下)羅汝芳在自覺繼承宋明儒"萬物一體"説的基礎上進行了新的闡發。

羅汝芳在對"萬物一體"説的論證過程中,繼承了王陽明"一氣流行"説論證"萬物一體"的觀念模式,羅汝芳曰:"夫合天地萬物,而知其爲一氣也,又合天地萬物,而知其爲一我也。如是而謂浩然而充塞乎其間也,固宜;如是而謂大之至而弘足以任重,剛之至而毅足以道遠也,亦宜。是故君子由一氣以生天生地,生人生物,直達順施而莫或益之也,本諸其自然而已也;乘天地萬物,以敷宣一氣也,充長成全而莫或損之也,亦本諸其自然而已也。"(《盱壇直詮》卷上)羅汝芳認爲,天地萬物都由作爲宇宙本源性存在的"氣"所構成,由此天地人物得以融通爲一、彼此聯屬。也就是説,"氣"構成了萬物得以成爲一體的存有論依據。

不過,更多時候,羅汝芳是從"生生之仁"的角度論證"萬物一體"。天地生生之德即"仁",宇宙萬物莫不由此生生之仁所創生;而人者天地之心,其心自然與天地萬物一體同仁,"天地之大德,而實物我之同仁也","夫四時百物,皆天矣,奚復於吾人而外之?"(《盱壇直詮》卷上)羅汝芳有時候亦從"天命之性"的角度進行論證,不過其所依傍的原理都是上天所具有的"生生之仁",此"生生之仁"構成了"萬物一體""物我同仁"的形上依據。

羅汝芳的"萬物一體"説繼承了程明道以來的以"生生之理"詮釋"萬物一體"説的傳統。不過相較而言,羅汝芳結合孟子"萬物皆備於我"一章,從身心與天地萬物相感通的角度進一步對“萬物一體”説進行闡發：“‘萬物皆備於我’，則我之爲我也，固盡品匯之生以爲生，亦盡造化之靈以爲靈，則我之與天，原非二體，而物之與我，又奚有殊致也哉？是爲天地之大德，而實物我之同仁也。反而求之，則我身之目，誠善萬物之色；我身之耳，誠善萬物之音；我身之口，誠善萬物之味；至於我身之心，誠善萬物之性情。故我身以萬物而爲體，萬物以我身而爲用。”(《盱壇直詮》卷上)羅汝芳認爲，孟子“萬物皆備於我”可與明道“仁説”互爲詮釋：天地萬物一體同仁，此萬物“備於我”的真實内涵，如若能於此處認識得真切，則自然能够反身而體悟仁體，悟得“故我身以萬物而爲體，萬物以我身而爲用”，天地萬物互相涵攝。不過識仁、體仁乃“反身而誠”工夫次第的開端，更爲重要的是要擴充個體人身融入天地萬物之中，落實到具體的踐仁行動中去。故羅汝芳又説：“故思欲近仁，惟在强恕，將圖强恕，必務反身。然反身莫强於體物，而體物尤貴於達天。非孔門求仁之至蘊，而孟氏願學之的矩也歟哉！”(《盱壇直詮》卷上)通過“反身—强恕—體物—達天”的功夫修養路徑，天地萬物一體得到了更緊密、更有序的聯結。如此則自然能够求仁，達到萬物一體的境界。

很顯然，羅汝芳的“萬物一體”説和其“求仁”宗旨是互相貫通、互爲詮釋的。“生生之仁”是“萬物一體”説的内在根據，而“萬物一體”則爲“求仁”提供了具體的工夫路徑與終極目標指向。“合天地萬物之生以爲生，盡天地萬物之仁以爲仁”“老吾老及人之老，長吾長及人之長，幼吾幼及人之幼。孔子所謂：老安，少懷，朋友信是矣”(《盱壇直詮》卷上)。具體來説，就是明吾明德以明民之明德，將“孝弟慈”之明德擴充於天下，做到老吾老以及人之老，長吾長以及人之長，幼吾幼以及人之幼。如此則能達到萬物一體的最高境界。

以上僅就《盱壇直詮》中所涉及的羅汝芳思想中的幾個核心命題進行闡發。除此之外，“當下説”“破除光景”“樂體説”“格致説”等羅汝芳思想中獨具特色的重要命題，亦有充分、詳細的論述，篇幅所限，在此不一一詳述。需要指出的是，上述四大命題嚴格説來並不能算羅汝芳思想的宗旨，只能説是羅汝芳思想上的某些趨向或旨趣，是對其思想面貌的較爲全面的梳理。按黄宗羲所言：“大凡學有宗旨，是其人之得力處，亦是學者之入門處。天下之義理無窮，苟非定以一二字，如何約之，使其在我。故講學而無宗旨，即有嘉言，是無頭緒之亂絲也。學者而不能得其人之宗旨，即讀其書，亦猶張騫初至大夏，不能得月氏要領也。"（《明儒學案·發凡》）爲學要得要旨，此要旨是學者哲學思想的核心概念，是後學把握學者思想脈絡的門徑與要領。要之，學術宗旨對於瞭解一個學者的思想具有重要作用。而曹胤儒所給出的僅是羅汝芳思想上的趨向、旨趣和義理系統的概要而已，並非羅汝芳思想的宗旨，目的也只在於使後學克服對其師思想的誤解，進而能夠"窺其全"，進而"闡其奧"，沿此路徑不斷用功。

那麼羅汝芳思想宗旨到底是什麼呢？從羅汝芳回復曹胤儒所釋"分授家事"以"雖無如許層折，然大段亦得，吾子勉之"一句可以看出，羅汝芳並不贊同對其宗旨進行刻意的劃分與執著，但對其思想劃分仍有幾分肯定。羅汝芳此說的原因在於，吾心乃"赤子之心"，此心具有"似有而無""不學不慮"的特徵，能夠在日用常行中自然生機暢然、渾融順適。此心不待造作，亦無法用言語進行言說，用文字進行概括，只能在生命體悟中追尋。正是如此，羅汝芳回應許孚遠"大而無統，博而寡要"的質疑曰："大出於天，機原自統；博本乎地，命亦自純。"（《盱壇直詮》卷下）羅汝芳並未否認其理論之博大，但是強調了其學問並非信口開河，天馬行空。其所謂"統"當爲孔孟之說；其所謂"純"當爲反觀自心的生命體驗。羅汝芳雖未明確指出宗旨爲何，但並非空無宗旨，關鍵是要深入羅汝芳之思想結構的内部，進行全面的分析考察；次要的是通過羅汝芳對孔孟宗旨的認識，從中看到其思想宗旨之所在。《盱壇直詮》全文亦未明確說明羅汝芳宗旨如何，但已對其思想中的主要命題、精神旨趣進行了闡發，其具體的學問嫡旨則有賴"窺其全""闡其奧"的個人體悟，在此不進行展開論述。

《盱壇直詮》由程開祜初刻於萬曆三十七年，然此本行世雖久，傳本甚少，後人罕見。臺北"中研院"歷史語言研究所圖書館曾據藏本進行了初步的斷句點校（簡稱"史語所本"），收錄於"中國子學名著集成"，於 1978 年 12 月出版。此本於程開祜序頁鈐有"棟亭曹氏藏書""長白敷槎氏菫齋昌齡圖書印"等藏書印。"棟亭曹氏"爲曹寅。"敷槎"，即富察昌齡，字菫齋，爲傅閣峰尚書鼐之子，曹棟亭之甥，先世居長白山（今東北境内）。1942 年馬一浮主持續刻的復性書院《儒林典要》，亦收錄此書。他在《重刊〈盱壇直詮〉序》中說："吾友蘭溪葉君左文，得程開祜刊本，手寫以見貽，藏之累年，幸未散失。今因書院續刻《儒林典要》,遂付之梓,以餉學者。"1960 年廣文書局又據此本影印出版。

　　"中國子學名著集成"所影印出版的《盱壇直詮》存在些許錯誤,且有多處字迹模糊,並有後人毛筆補缺、批注的痕迹,文中句讀錯誤甚多。因此,本次整理,以復性書院之《儒林典要續輯》重刊本爲底本,以"史語所"本爲校本。同時,《盱壇直詮》中的一些段落與《明道錄》(明萬曆刻本)、《一貫編》(明長松館刻本)、《近溪子集》(明萬曆十二年華亭季氏刻本)等羅汝芳的其他語錄文集,以及楊起元《證學編》(明萬曆四十五年佘永寧刻本)有重合之處。此外《儒藏》精華編第 195 册收有陳暢教授整理的《盱壇直詮》(北京大學出版社 2013 年版),2007 年鳳凰出版社出版的,方祖猷、梁一群、李慶龍等編校整理的《羅汝芳集》亦有節錄。本書點校也參考了這些相關文獻。

　　此次整理工作主要包括以下幾個方面:第一,對文章内容進行校勘。第二,對全文進行句讀標點。第三,對段落偏長或完全不分段的各篇適當分段。第四,對文中部分引文、用典、人物作注釋,並進行了適當的拓展延伸,以便讀者閲讀理解,並爲欲深入研究者提供一些綫索。所有各項注釋,均附於頁下。本版整理雖力求盡善,實有未能,疏漏錯誤之處,尚祈讀者不吝教正。

《盱壇直詮》敘

楊起元①

不佞起之遇吾師近溪先生也晚。蓋吾師之倡學於海内有年矣，起之有所聞，實得之於文塘黎丈。②起之晤黎丈，如獲拱璧也。既而面證之於吾③師，所謂魚水，④所謂時雨，⑤真沛乎其縱大壑，⑥而泠然其御長風矣。⑦時即知有吳郡魯川曹丈⑧爲同門上首，而未之覯，嗣於師《榮哀錄》中見丈之所稱述，意其蘊藉之深也。萬曆丙申，起以貳容臺至留都，⑨師門諸友前後來會，魯川丈亦儼然臨之，語數日夕，殊悦我心。嗣後時相促膝，罄吾師之所傳者爲起道之，起益

---

① 楊起元（1547—1599），明代泰州學派學者，字貞復，號復所，歸善（今廣東惠州）人。萬曆五年進士，授翰林院編修，歷國子監祭酒、禮部侍郎，後召爲吏部侍郎兼侍讀學士，未上而卒。師事羅汝芳，因編次《近溪會語》《識仁編》《答問集》，另著有《證學篇》《證道書義》《楊子學解》等。

② 黎允儒，號文塘，建昌人，羅汝芳之甥及重要弟子。萬曆四年（1576），楊起元在南京遇黎允儒，黎允儒詳述其師孝悌慈之學，讓楊起元"一語豁然"，於是拜羅爲師。

③ 底本"吾"以下闕。馬一浮在"吾"下注曰："此爲楊復所序，葉君據程刻本轉寫。原書脱爛，僅存此數行，今仍之以存其舊。以下程開祜序，及卷端編次、校閲人姓名行款俱依原式，此書傳本甚希，海内讀者如藏有舊刊楊序文全者，幸不吝寫示，以便補刻。"本書以下從楊起元《證學編》（明萬曆四十五年余永寧刻本）卷四所收《盱壇直詮序》補。

④ 魚水：比喻有所憑藉，得到跟自己十分投合的人或對自己很合適的環境，亦泛指關係親密無間。《莊子·大宗師》："孔子曰：'魚相造乎水，人相造乎道。相造乎水者，穿池而養給；相造乎道者，無事而生定。'故曰：魚相忘乎江湖，人相忘乎道術。"

⑤ 時雨：應時的雨水。《尚書·洪範》："曰肅，時雨若。"《孟子·盡心上》曰："君子之所以教者五：有如時雨化之者，有成德者，有達財者，有答問者，有私淑艾者。此五者，君子之所以教也。"

⑥ 大壑：大海。《莊子·天地》："夫大壑之爲物也，注焉而不滿，酌焉而不竭，吾將遊焉。"

⑦ 語出《莊子·逍遥遊》："夫列子御風而行，泠然善也，旬有五日而後反。"

⑧ 吳郡魯川曹丈，即曹胤儒。曹胤儒，江蘇太倉人，徙居長洲（今江蘇蘇州）。一作允儒，字汝爲，更字魯川，羅近溪入室弟子，曾師事耿定向。明隆慶、萬曆年間任龍巖縣知縣。爲羅汝芳編輯《盱壇直詮》。

⑨ 容臺：禮署、禮部的别稱。楊起元曾任禮部侍郎，爲禮部之副長官，故稱"貳容臺"。

若泛巨溟而遊淸都,①誠有聞所未聞者焉。蓋文塘丈之所得邇易而直截,魯川丈之所得宏深而瑩徹,雖均之飲河,均之出藍,而魯川丈之於吾師,若有所默授而別傳也者,不佞亦何幸,向未得之於師者,今得之於曹丈也。邇起臥疴羅浮,有友自吳中來,出魯川丈所彙師門《直詮》一編,不佞盥而卒業,輒舉手而加額焉。蓋丈以時之爲師學者,多影響於學樂,而黏著夫當下,未有以睹其全而闡其奧,且有疑信吾師而未知所適從焉者,故揭此以爲指南。丈之爲意誠溥,而爲心亦苦矣。起菲淺,何足以知師,敢因丈之所詮者告諸同志,庶幾乎有如挹吾師之音容而聆吾師之聲咳者,其在斯歟!其在斯歟!新安佘生永寧、周生之訓輩,私淑吾師,一見是編,服膺不置,亟請付梓。不佞爰書數語弁之,俾吾師之道如日之中,而爲有目者所共瞻云。

---

　　① 巨溟:大海。淸都:帝王居住的宮闕、都城。《列子·周穆王》:"淸都、紫微、鈞天、廣樂,帝之所居。"

鑴《盱壇直詮》序

程開祐①

祐少未聞學，幸得逢一二良友，乃稍稍知所向方。每欲彙輯古先聖大訓格言可爲入道之門者，傳之人人，俾往者不至漫没，而來者有所纘繼。久乃聞盱江近溪羅先生者，我昭代大儒也，其學獨得宣聖之大，以明明德於天下爲宗旨，以孝弟慈爲實際，以不學不慮之知能爲運用。歷官守令、藩臬，②卑成安攘，③悉奏膚功。更惓惓以講學、作人爲務，無論潛見，罔非此事，周遊商證通人，求友足迹遍海内。隨處有會，會必累日，至者日加衆。凡所開發，閎朗直截，愜當人心，聞者感動奮發。所紀會語會録，無慮數十百種。每以太祖高皇帝聖諭六言④爲諸人士敷宣闡繹，嘗曰："我太祖聖諭，直接堯舜之統，學者能時時奉行，即熙然同遊於堯舜之世矣。"斯志也，所謂祖述憲章，⑤不厭不倦者非耶？先生没後，又幸得吳門魯川曹先生羽翼表章，發先生之奧旨，一時翕然向風。慮先生生平紀録，分布雜出，學者罕見其全，況窺其要？於是彙輯詮次爲一書，以示嶺南楊太史。太史善之，定名曰《盱壇直詮》，而羅先生精蘊盡在是矣。友人手

---

① 程開祐，字仲秩，萬曆間安徽歙縣人。刻印過自輯《籌遼碩畫》四十六卷附録一卷、曹胤儒輯《盱壇直詮》二卷、宋蘇洵《批點孟子》四卷。

② 藩臬：指藩司和臬司，明清兩代的布政使和按察使的並稱。明初各省設布政使司，是省的最高行政機構，其最高職位爲布政使。布政使掌管一省的政務，參政、參議分守各道，並分管糧儲、屯田、軍務、驛傳、水利、撫名等事，爲從三品官職。按察使，明初所設按察司的副長官，正四品。羅汝芳曾任雲南按察副使、參政。

③ 卑成：使富厚安定。安攘：排除禍患，使天下安定。

④ 聖諭六言：又稱聖諭六條、聖訓六條等。明太祖朱元璋爲教化人民，促進社會和睦説的六句話。據《皇明通紀法傳全録》卷十一（明崇禎九年刻本），丁巳洪武十三年，"九月，上命户部下令天下人民每鄉里各置木鐸一，内選年老者每月六次持鐸，徇於道路曰：'孝順父母，尊敬長上，和睦鄉里，教訓子孫，各安生理，毋作非爲。'"

⑤ 祖述憲章：遵循堯舜之道，效法周文王、周武王之制，指效法前人。語出《禮記·中庸》："仲尼祖述堯舜，憲章文武。"

録是編,傳於吾郡,祐見之嘆曰:"甚矣哉!曹先生之苦心也。"古聖絕學,非得盱江不振;盱江嫡派,非得吳門不傳。是書所關係學人甚大,乃亟取而授之梓,以見千古聖學之統。惟此精神貫通,繼往開來,願覽者悉同此普心云。

新都後學程開祐仲秩甫撰

重刊《盱壇直詮》序

馬一浮

濂、洛、關、閩諸賢所以直接孔孟者，爲其窮理盡性，不徒以六藝爲教，敷説其義而止也。其兼總條貫爲群經傳注，有近於義學，視漢、唐説經之軌範爲進。若乃觸機接物，不主故常，其言行足以動天地、通神明，則與禪宗大德同功而異位，此未易爲執言語、泥文字者道也。如明道似禪而伊川則邃於義，朱子談義特精而象山長於用禪。其實，門庭施設，則義爲大；入理深談，則禪爲切。所謂“始條理者智之事，終條理者聖之事”，①豈有二哉？儒、佛相非，禪、義相薄，此皆臨機對治、一期藥病之言。心性無外，得其一，萬事畢。冥符默證，唯此一真，大用現前，不存軌則，豈名言所能域？將何名爲義，何名爲禪？世之紛然持異同者，不解古人機用之妙耳。象山後有陽明，陽明後有近溪，而直指之道益顯，實原於明道“識仁”之説。②《大學》之“明明德於天下”，《中庸》之“率性謂道”，至是闡發無遺藴矣。然自象山、陽明，其於義學時或稍疏，不及朱子之密，此不足爲象山、陽明病。末流承虛接響，或至捐書廢學，鶩口説者有之。夫一理渾然，泛應曲當，不思而得，不勉而中，是聖人境界。凡民私意未起，計校未生，固與聖人同此心體，然一翳在目，天地易位，其日用之差忒者，氣昏而習蔽之也。若謂不假工夫，本無欠少，則有執性廢修之失。一往而談，見處未的，依舊業識茫茫，無本可據，此又學者所不可不審也。近溪此書傳本不易覯，其中

---

① 《孟子·萬章下》：“伯夷，聖之清者也；伊尹，聖之任者也；柳下惠，聖之和者也；孔子，聖之時者也。孔子之謂集大成。集大成也者，金聲而玉振之也。金聲也者，始條理也；玉振之也者，終條理也。始條理者，智之事也；終條理者，聖之事也。智，譬則巧也；聖，譬則力也。由射於百步之外也，其至，爾力也；其中，非爾力也。”

② 程顥《識仁篇》：“學者須先識仁。仁者，渾然與物同體，義、禮、智、信皆仁也。識得此理，以誠敬存之而已，不須防檢，不須窮索。若心懈，則有防；心苟不懈，何防之有！”（《二程遺書》卷二上）

出門人記録,亦有稍疏於義者。然大體善啓發人,使聞者直下認取自心,豁然無滯,實具活人手段,而於天地萬物一體之理,昭昭然揭日月而行,可以袪沉霾陰翳之習,尤今日所亟宜提持者也。吾友蘭溪葉君左文,①得程開祜刊本,手寫以見貽,藏之累年,幸未散失。今因書院續刻《儒林典要》,遂付之梓,以餉學者。嗟乎!世變如此其亟,求書如此其難,今後亦未知能刻幾何,故不復預定其目,姑出此書,聊以自塞,兼謝故人。輒贅數語於簡端,知我罪我,一任後人論量。

中華民國三十一年(1942)八月,馬浮識

---

① 葉渭清(1886—1966),字左文,號俟庵,浙江蘭溪人,定居開化。著名史學家,平生竭力於《宋史》編纂工作,著有《元祐宋史校記》。與馬一浮交往甚厚。

上　卷

建昌文塘黎子允儒攜先師《近溪子集》及諸會語，訪復所楊少冢宰於羅浮，少宰展卷讀竟，自謂忽覺超然脱繫，翩然出樊，縱步於莽蒼廣漠之墟，而翻飛於九萬里之上。然後嘆曰："道其至矣乎！"而爲之頌曰："簡則有功，易則有親。①纖毫費力，尚隔一塵。"②然而益知此學之爲難也已。

或問："《大學》一書，吾人入道全功，最當急於講求者，其宗旨何如？"

近溪子羅子曰："孔子之學，在於求仁，而《大學》即是孔門求仁全書也。蓋'仁者渾然與物同體'，③故大人聯屬家國天下以成其身。今觀'明明德'而必曰'於天下'，則通天下皆在吾明德中也，其精神血脈何等相親！説'欲明明德於天下'而必曰'古之人'，則我之明德親民，考之帝王而不繆也，其本末先後尚何患其不止至善也！細玩首尾，只此一意，故此書一明，不惟學者可身遊聖神堂奥，而天下萬世真可使

① 《周易·繫辭傳上》："乾知大始，坤作成物。乾以易知，坤以簡能。易則易知，簡則易從。易知則有親，易從則有功。有親則可久，有功則可大。可久則賢人之德，可大則賢人之業。"

② 參見楊起元《證學編》卷四《近溪子集序》。這段話也見於《楊復所先生家藏文集》（明崇禎楊見晙等刻本）卷七《羊城示同志》："物備諸身，道不遠人。簡則有功，易則有親。纖毫費力，尚隔一塵。"

③ 程顥《識仁篇》："學者須先識仁。仁者，渾然與物同體。禮、義、智、信皆仁也。"（《二程遺書》卷二上）

之物物各得其所也。大哉仁乎，斯其至矣！"

　　近溪子曰："明德猶燭也，明明德於天下，猶燭燃而舉室皆明也。燭不足以明一室，燭非其燭矣；明明德而不能明天下，德非其德矣。如是而爲明德，如是而爲大學，此之謂大人。"

　　子曰："孔門宗旨在於求仁。仁者人也，天地萬物爲一體者也，人以天地萬物爲一體則大矣。《大學》一書，聯屬家國天下以成其身，所以學乎其大者也，然自明明德始焉。明德者，人之所不慮而知，其良知也，孩提之童，無不知愛其親，無不知敬其兄者也。老吾老以及人之老，長吾長以及人之長，幼吾幼以及人之幼，而家國天下運之掌矣，①故曰：'大人者，不失其赤子之心者也。'"

　　問："《大學》'明德''親民'還易訓解，惟'至善之止'則解者紛紛，竟未能愜人意，何也？"

　　子曰："規矩者，方圓之至也；聖人者，人倫之至也。②只識得古聖爲明、親之善之至，而明德、親民者所必法焉，則《大學》一書，從首貫尾，自然簡易條直而不費言說也已。"

　　問："'古之欲明明德於天下者'，可即是至善否？"

　　子曰："此古者的有所指，即堯舜是也。故曰：'克明峻德，以親九族，九族既睦，平章百姓，協和萬邦，黎民於變時雍。'③此即是天下之本在國，國之本在家，家之本在身，物之本末，事之終始，知所先後，而

────────────

　　①　孟子曰："老吾老，以及人之老；幼吾幼，以及人之幼。天下可運於掌。"（《孟子·梁惠王上》）

　　②　《荀子·禮論》也説："規矩者，方圓之至；禮者，人道之極也。"王陽明《大學問》："故止至善之於明德、親民也，猶之規矩之於方圓也，尺度之於長短也，權衡之於輕重也。故方圓而不止於規矩，爽其則矣；長短而不止於尺度，乖其劑矣；輕重而不止於權衡，失其準矣；明明德、親民而不止於至善，亡其本矣。故止於至善以親民，而明其明德，是之謂大人之學。"

　　③　《尚書·堯典》："曰若稽古，帝堯曰放勳，欽明文思安安，允恭克讓，光被四表，格於上下。克明俊德，以親九族。九族既睦，平章百姓。百姓昭明，協和萬邦。黎民於變時雍。"

不亂者也。是爲明明德、親民之至善，足爲萬世之格則，而萬世誠、正、修、齊、治、平者之所必法焉者也。”

問："《大學》篇名現存《禮記》，不知此篇與禮何關？"

子曰："禮有經有曲，①世人輒指一事一時言禮者，皆曲而非經也。若論禮經，則真是天之經、地之義，綱紀乎人物，彌綸夫造化，必如《大學》規模廣大，矩度森列而血脈精神周流貫徹，乃始足以當之。其間字字句句雖筆之孔子而非始於孔子，蓋孔子一生要仁天下、仁萬世，既竭心思於是，必繼之以先王之道，而仁始足以覆天下萬世矣，故'述而不作，信而好古'，②《六經》皆是此意。而《大學》獨曰善之至，曰物之格者，則尤是六經之精髓，而爲禮之大經、仁之全體也。學者漫謂本心自足，而輒以意見仿佛爲之，家國天下得其平焉者罕矣！"

問："古聖至善，亦只是父子兄弟足法，則孩提愛親、敬長，恐人人原自具足，何必切切焉謂當求諸古聖也哉？"

子曰："'中庸其至矣乎，民鮮能久矣'！夫'至'本中庸，即愚夫愚婦可以與知與能者也；'至'久鮮能，卻是聖人亦是③所不知不能，而必俟夫聰明聖智達天德者也。故曰：'上天之載，無聲無臭，至矣。'④夫此中庸之至，能於下愚而又神於天載，神於天載而亦能於下愚，則此時心體，果是四端現在。⑤然非聖修作則，便終擴充不去。守規矩而爲

---

①　《禮記·禮器》："經禮三百，曲禮三千，其致一也。"

②　《論語·述而》："子曰：'述而不作，信而好古，竊比於我老彭。'"

③　"亦是"，史語所本作"亦有"。

④　《詩經·大雅·文王》："上天之載，無聲無臭。儀刑文王，萬邦作孚。"《中庸》末篇亦有引，曰："子曰：'聲色之於以化民，末也。'《詩》曰：'德輶如毛。'毛猶有倫，'上天之載，無聲無臭'，至矣。"

⑤　《孟子·公孫丑上》曰："惻隱之心，仁之端也；羞惡之心，義之端也；辭讓之心，禮之端也；是非之心，智之端也。人之有是四端也，猶其有四體也。有是四端而自謂不能者，自賊者也；謂其君不能者，賊其君也。凡有四端於我者，知皆擴而充之矣，若火之始然，泉之始達。苟能充之，足以保四海；苟不充之，不足以事父母。"

方圓，夫豈不易簡也哉？若只徒求書中陳迹，而不以知能之良培植根苗，則支離無成，與徑信本心者，其弊固無殊也已。”

子曰：“人之所以爲大者，非大以身也，大以道、大以學也。學大則道大，道大則身大，身大則通天下萬世之命脈以爲肝腸，通天下萬世之休戚以爲髮膚，疾痛疴癢，更無人我，而渾然爲一。斯之謂大人而已矣。”

子曰：“《易》云‘知始’‘知至’，①《語》云‘知德’‘知命’，②《中庸》云‘知天’，③孟子云‘知性’，④程子曰‘識仁’，此與《大學》所云格物，其義一也。且所謂物，孟子先言之矣，曰‘萬物皆備於我矣’”。⑤

問《大學》宗旨。

子曰：“孔門此書，卻被孟子一句道盡，所云‘大人者不失赤子之心者也’。夫孩提之愛親是孝，敬兄是弟，未有學養子而嫁是慈。此之孝弟慈原人人不慮而自知、人人不學而自能，亦天下萬世不約而自同者也。今只以所自知者而爲知，以所自能者而爲能，則其爲父子兄弟足法而人自法之，便喚做‘明明德於天下’，又喚做‘人人親其親、長其長而天下平’也。⑥此三件事從造化中流出，從母胎中帶來，遍天遍地，亘古亘今。試看此時薄海內外風俗氣候，萬有弗齊，而家家户户

---

① 《周易·繫辭傳上》：“乾知大始，坤作成物。乾以易知，坤以簡能。”《周易·乾·文言傳》：“知至至之，可與幾也，知終終之，可與存義也。”

② 《論語·衛靈公》：“子曰：‘由！知德者鮮矣。’”《論語·堯曰》：“子曰：‘不知命，無以爲君子也。不知禮，無以立也。不知言，無以知人也。’”

③ 《中庸》：“哀公問政。子曰：‘……故君子不可以不修身；思修身，不可以不事親；思事親，不可以不知人；思知人，不可以不知天。’”

④ 《孟子·盡心上》：“孟子曰：‘盡其心者，知其性也。知其性，則知天矣。存其心，養其性，所以事天也。夭壽不貳，修身以俟之，所以立命也。’”

⑤ 《孟子·盡心上》：“萬物皆備於我矣。反身而誠，樂莫大焉。强恕而行，求仁莫近焉。”

⑥ 《孟子·離婁上》：“道在爾而求諸遠，事在易而求諸難。人人親其親、長其長，而天下平。”

誰不以此三件事過日子也？只堯、舜、禹、湯、文、武便皆曉得以此三件事修諸己而率乎人，以後卻盡亂做，不曉得以此修己率人，故縱有作爲，亦是小道，縱有治平，亦是小康。不知天下原有此三件大道理，而古先帝王原有此三件大學術也。故仲尼將帝王修己率人的道理學術既定爲《六經》，又將《六經》中至善的格言定爲《大學》，以爲修己率人的規矩，而使後之學者於物之本末、事之終始，知皆擴而充之，老吾老及人之老，長吾長及人之長，幼吾幼及人之幼，家家户户共相敬愛、共相慈和，雖百歲老翁皆嬉嬉然如赤子一般，便唤做雍熙太和而爲大順之治，總而名之曰‘大學’也已。”

子曰：“吾人此心，統天及地，貫古迄今，渾融於此身之中，而涵育於此身之外。其精瑩靈明而映照莫掩者，謂之精；其妙應圓通而變化莫測者，謂之神。神以達精，而身乃知覺，是知覺雖精所爲，而實未足以盡乎精也。精以顯神，而身乃運動，是運動雖神所出，而實未足以盡乎神也。古之欲明明德於天下者，其心既統貫天地古今以爲心，則其精神亦統貫天地古今以爲精神。故其耳目手足、四肢百體、知覺固與人同，而聰明之精通而無外者，自與人異；運動雖與人同，而舉措之神應而無方者，自與人異。夫是以爲人之聖、善之至、學之集大成，而萬世無復加焉者也。”

子曰：“孔門宗旨，只要求仁，究其所自，原得之《易》，又只統以‘生生’一言。[1]夫不止曰‘生’，而必曰‘生生’云者，生惡可已也。生惡可已，則易不徒乾，乾而兼之以坤；坤不徒坤，坤而統之以乾。蟠天薄地而雷動滿盈，形森色盎而霞蒸赫絢，横亘直達，邃入旁周，固皆一氣之運化而充塞乎兩間。然細觀此氣之流行布濩，節序無不停妙，絪緼媾結，條理無不分明，則氣也，而實莫非精之所凝矣。精固妙凝一氣而貫徹

---

① 《周易·繫辭傳上》：“日新之謂盛德，生生之謂易。”

群靈,然究竟精氣之浩渺而無涯,妙應而無迹,莫之爲而爲焉,莫之致而至焉,則氣也精也又莫非神之所出矣。興言至此,則下至九地,上至九天,中及萬民,旁及萬物,渾是一個生惡可已,渾是一個神不可窮。"

子曰:"孔子曰'心之精神是謂聖',①解者曰'聖也者,通明者也';又曰'聖也者,神明而不測者也'。天下古今,豈有神而不明者哉? 抑豈有神而不通者哉? 明則無不知矣,通則無不能矣。明通皆自神出,則空洞絶無涯畔,微妙迥徹纖毫。藏用於溥博淵泉,而實昭然聖體,天也,而未嘗與人異也;顯仁於語默云爲,而實總是天機,人也,而未嘗與天殊也。"

子曰:"盈天地之生,而莫非吾身之生。盈天地之化,而莫非吾身之化。冒乾坤而獨露,亘宇宙而長存。此身所以爲極貴,而人所以爲至大也。"

問:"《大學》以修身爲天下國家之本,如何方是修身?"
子曰:"致良知則修其身矣。"
曰:"如斯而已乎?"
曰:"致良知,則家齊、國治而天下平矣。夫良知者,不慮不學,而能愛其親,能敬其長也。故《大學》雖有許多工夫,然實落處,只是'上老老而民興孝,上長長而民興弟'。故'上老老''上長長',便是修身以立天下之大本,民興孝、民興弟,便是齊治平而畢修身之用也。天德、王道一併打合,便是孔子平生所志之學,其從心不逾之矩,即此個絜矩之道是也。統而言之,卻不只是一個'致良知'耶? 故曰'古之欲明明德於天下',而大學之道備矣。"

---

① 《孔叢子·記問》:"子思問於夫子曰:'物有形類,事有真偽,必審之,奚由?'子曰:'由乎心。心之精神是謂聖,推數究理,不以物疑,周其所察,聖人難諸?'"

問:"孔子'吾十有五而志學'章其旨何如?"

子曰:"古書中言道雖多,至'學'之一字,則間或見之,惟是吾夫子,則專志平生,而論學不輟。古之聖人成道雖多,如'清''任'與'和',①各以資質所近而力造其極。惟是吾夫子,則述而不作,必求隆古至聖而學之,故曰'吾十有五而志於學'。此章幸得晦庵朱先生又能默而識之,其注疏云'學者,大學也'。②夫謂曰大學者,所以學乎其大者也。夫子平生亟稱至聖者惟是文王,亟稱大聖者惟是帝堯,則其所祖述、其所憲章,竭精會神以學之者,非二三聖人而何哉!夫惟道之極其至、道之極其大,則閫域幽邃,境界浩蕩。雖其性靈天縱,而求以主張負荷,卓然屹立於宇宙之中也,須到三十而後能之,即今《大學》聖經首言道,在明明德,親民,止至善,知止而後定静安也。定而且安,非志之既立而何哉! 自此之後,則於古聖信好愈益精專,敏求愈益奮勵,以此而誠意,以此而正心,以此而修身,以此而齊治平,亦以此而明明德於天下,物則本末兼善,事則終始渾全。不惟放勳之睦族平章,③光格上下;文德之刑於友善,運掌化成,若合符節而先後一揆。即遍考三王,俟聖百世,不外十年而俱可不繆不惑也。④想象吾夫子,於此二十餘年,精神意氣,近而本諸其身以有立,遠而徵諸今古以不疑。世道之經常,⑤人情之懿好,聯屬統同,通天下國家而爲一己。所謂'仁者人也,親親爲大',已是融通透徹,一以貫之而無入不得矣。忠恕,求仁之宗,的確必在此時。⑥至於'假我數年,五十以學

---

①　《孟子・萬章下》:"孟子曰:'伯夷,聖之清者也;伊尹,聖之任者也;柳下惠,聖之和者也;孔子,聖之時者也。孔子之謂集大成。集大成也者,金聲而玉振之也。'"

②　《大學章句集注》:"大學者,大人之學也。"

③　放勳:即帝堯。堯,故姓伊祁,號放勳。《尚書・堯典》:"克明俊德,以親九族。九族既睦,平章百姓。百姓昭明,協和萬邦。"

④　《中庸》:"故君子之道本諸身,徵諸庶民,考諸三王而不繆,建諸天地而不悖,質諸鬼神而無疑,百世以俟聖人而不惑。質諸鬼神而無疑,知天也;百世以俟聖人而不惑,知人也。"

⑤　經常:常道,常法。《管子・問》:"令守法之官曰:行度必明,無失經常。"

⑥　《論語》:"子曰:'參乎! 吾道一以貫之。'曾子曰:'唯。'子出。門人問曰:'何謂也?'曾子曰:'夫子之道,忠恕而已矣。'"

《易》’，而猶言可無大過，①則又以此學，大至範圍天地，難免無過。今考《易經》卦象，於大過，則曰‘君子以獨立不懼’。②卻是聖人以天自處之實際，所謂天命於穆不已，③聖人亦純而不已。不惟中心安仁，天下一人，而且時乘六龍，統天獨御也。故贊《易》首言：‘大哉乾元，萬物資始！’④‘至哉坤元，萬物資生！’⑤可見上律下襲，與祖述憲章，⑥總是吾人一個學，學總是一個大，範圍天地固自不過，曲成萬物亦自不遺。而子思子極其形容，則曰：‘譬如天地之無不持載，無不覆幬；譬如四時之錯行，如日月之代明，道並行而不悖，物並育而不害，小德川流，大德敦化，此天地之所以爲大也’。⑦故‘不惑’‘知命’，始是學《大學》之到家去處。此後‘耳順’‘從心’，則俱是學《大學》之到家的徵驗去處。⑧但‘耳順’是感乎其外而順以應之，無非此學此大也；‘從心’是動乎其中而廣以運之，無非此學此大也。蓋《大學》只是明明德、親民。明親之實，只是絜矩上下前後左右，⑨老吾老以及人之老，長吾長以及人之長，幼吾幼以及人之幼，惻怛慈愛之真，盎然溢於一腔，誠感神應之妙，沛然達諸四海。吾夫子學至此時，果是大人、赤子，念念了無二體；聖心、天德，生生純是一機。隨衆問辯，其所酬答，更無非此個孝弟慈；隨機感觸，其所好欲，亦無非此個孝弟慈。即如子路問志，便曰

---

① 《論語・述而》：“子曰：‘加我數年，五十以學《易》，可以無大過矣。’”

② 《周易・大過・大象傳》：“澤滅木，大過。君子以獨立不懼，遯世無悶。”

③ 《詩經・周頌・維天之命》：“維天之命，於穆不已。”孔穎達疏：“言天道轉運無極止時也。”

④ 《周易・乾・彖傳》：“大哉乾元，萬物資始，乃統天。雲行雨施，品物流形。大明始終，六位時成，時乘六龍以御天。乾道變化，各正性命，保合大和，乃利貞。首出庶物，萬國咸寧。”

⑤ 《周易・乾・彖傳》：“至哉坤元，萬物資生，乃順承天。坤厚載物，德合無疆。含弘光大，品物咸亨。牝馬地類，行地无疆，柔順利貞。君子攸行，先迷失道，後順得常。西南得朋，乃與類行；東北喪朋，乃終有慶。安貞之吉，應地无疆。”

⑥ 《中庸》：“仲尼祖述堯、舜，憲章文、武；上律天時，下襲水土。”

⑦ 《中庸》：“小德川流，大德敦化，此天地之所以爲大也。”

⑧ 《論語・爲政》：“子曰：‘吾十有五而志於學，三十而立，四十而不惑，五十而知天命，六十而耳順，七十而從心所欲，不逾矩。’”

⑨ 《禮記・大學》：“所謂平天下在治其國者，上老老而民興孝，上長長而民興弟，上恤孤而民不倍，是以君子有絜矩之道也。所惡於上，毋以使下；所惡於下，毋以事上；所惡於前，毋以先後；所惡於後，毋以從前；所惡於右，毋以交於左；所惡於左，毋以交於右。此之謂絜矩之道。”

‘老者安之，朋友信之，少者懷之’；子貢問仁，便曰‘己欲立而立人，己欲達而達人’。要之，耳順只是一個絜矩，欲不逾矩，又豈不是一個順應也哉？如此以觀吾夫子，其志方爲大志，其仁方爲純仁，而其聖方爲至聖也已。”

問：“夫子十五而志於學，學何學也？”

子曰：“學以成乎其人者也。故聖門宗旨，的在求仁，而曰‘仁者人也，親親爲大。’夫人生之初，則孩提是矣，孩提所知，則愛其親、敬其長焉是矣。愛敬不失其初，則舉此加彼，自可達之人人，聯屬家國天下，以成其身，人曰大人，學曰大學矣。然則吾夫子七十從心不逾之矩，其即所謂絜矩之矩，而曰‘老者安之，朋友信之，少者懷之’，正將運斯世之矩於其掌，而畢所學之志於其初者也。”

子曰：“孔氏之學，學仁也，仁則焉學哉？夫仁者人也，能仁夫人，斯人而仁矣。是故我與物皆人也，皆人則皆仁也，皆仁則我可以爲物，物可以爲我，是通天下萬世而爲一人者也，通天下萬世而爲一人，是人而仁矣。”

問：“孔子自志學，以至心不逾矩，矩是何物？”

子曰：“朱子云‘學即大學之道’，則矩即絜矩也。蓋‘大學之道，在明明德’，明德之本來明者，即愛親敬長，不慮而知，人皆無不有之者也。老吾老以及人之老而莫不興孝，長吾長以及人之長而莫不興弟，即明德之達諸天下而人人親其親、長其長，治且平焉者也。大人之所以與天地合德，與日月合明，①以至凡有血氣者，莫不尊親，②豈復有他道哉？孔子生知安行，初年即有此意，但世界浩蕩，常恐主持

---

① 《周易·乾·文言傳》：“夫大人者，與天地合其德，與日月合其明，與四時合其序，與鬼神合其吉凶。先天而天弗違，後天而奉天時。”

② 《中庸》：“舟車所至，人力所通；天之所覆，地之所載，日月所照，霜露所隊；凡有血氣者，莫不尊親，故曰配天。”

不去,而群言淆亂,又慮精一之難,故用力至五十,乃渾是不慮不學之
體,而天命我知矣。以後受用,即孟子所謂'樂則生,生則惡可已,惡
可已,則不知足之蹈之,手之舞之'者也。①故此學只孔孟相符,至漢以
後,俱絕響矣。"

　　子曰:"孔子十五而志於學,是大學也。大人之學,必聯屬家國天
下以為一身,所謂明明德於天下也。今世上有志之士,或是功業,則
功業成而心亦可了矣;或是道德,則道德成而心亦可了矣。惟孔子以
天下人盡明其明德,方為自己明明德,則竭盡平生心思,費盡平生精
力,事畢竟是成不得。事竟不成,則心竟不了;心竟不了,則發憤忘
食,亦竟至老而發憤忘食不了也已。"

　　問:"立身行道,②果是何道?"

　　子曰:"大學之道也。《大學》明德、親民、止至善,許大的事,也只
是立個身。蓋丈夫之所謂身,聯屬家國天下而後成者也。如言孝,則
必老吾老以及人之老,天下皆孝,而其孝始成,有一人不孝,即不得謂
之孝也;如言弟,則必長吾長以及人之長,天下皆弟,而其弟始成,苟
有一人不弟,即不得謂之弟也。是則以天下之孝為孝,方為大孝;以
天下之弟為弟,方為大弟也。"

　　曰:"若如此說,則孔子孝弟也不曾了得。"

　　曰:"吾輩今日之講明良知,求親親長長而達之天下,卻因何來?
正是了結孔子公案。"

　　曰:"若如此說,則吾輩亦未必了得。"

　　曰:"若我輩真是為着孔子了公案,則天下萬世,不愁無人為吾輩
了也。即此可見聖人之心,只因他不自以為了,所以畢竟可了。若彼

---

　　① 《孟子·離婁上》:"仁之實,事親是也;義之實,從兄是也。智之實,知斯二者弗去是也;
禮之實,節文斯二者是也;樂之實,樂斯二者,樂則生矣;生則惡可已也,惡可已,則不知足之蹈之、
手之舞之。"

　　② 《孝經·開宗明義章》:"立身行道,揚名於後世,以顯父母,孝之終也。"

自以爲了，則所了者，又何足以言了也？吾人學術大小，最於世道關切，大家須猛省猛省！”

問：“吾儒之學，其大如此，然必有所以大處，不知何以見得？”

子曰：“聖賢之道，原從心上覺悟，故其機自不容已。否則矯偽而爲之，又安能可久可大，而成天下萬世之德也耶？孟子曰：‘萬物皆備於我，反身而誠，樂莫大焉。’①蓋反求此身，本有真體，非意見、方所得而限量，潛於天地萬物之中，而超於天地萬物之外，渾然共成一個，千古萬古更無能間隔之者，卻非皆備於我而何哉？程子謂‘認得是我，何所不至’。②若以己合彼，則猶是有二，又安得樂？抑又安能聯屬天下國家以成其身也耶？”

子曰：“吾人此身與天下萬世原是一個，其料理自身處，便是料理天下萬世處。故聖賢最初用功，便在日用常行。而日用常行，只是性情好惡，我可以通於人，人可以通於物，一家可通於天下，天下可通於萬世。故曰：‘人情者，聖人之田也。’③此平正田地，百千萬人所資生活，卻被孟子一口道破，說道人性皆善。若不認得日用皆是性，人性皆是善，蕩蕩平平，了無差別，則自己工夫先無著落處，又如何去通得人，通得物，通得家國，而成大學於天下萬世也哉？”

問“學而時習之”一章。④

子曰：“吾夫子生平敏求學古，獨是《易經》得力，首贊之曰‘大哉

---

① 《孟子·盡心上》：“萬物皆備於我矣。反身而誠，樂莫大焉。强恕而行，求仁莫近焉。”

② 《二程遺書》卷二上：“醫書言手足痿痺爲不仁，此言最善名狀。仁者以天地萬物爲一體，莫非己也，認得爲己，何所不至？若不有諸己，自不與己相干。如手足不仁，氣已不貫，皆不屬己，故博施濟衆，乃聖人之功用。仁至難言，故止曰‘己欲立而立人，己欲達而達人。能近取譬，可謂仁之方也已’，欲令如是觀仁，可以得仁之體。”

③ 《禮記·禮運》：“人情者，聖王之田也。修禮以耕之，陳義以種之，講學以耨之，本仁以聚之，播樂以安之。”

④ 《論語·學而》：“子曰：‘學而時習之，不亦説乎？有朋自遠方來，不亦樂乎？人不知而不愠，不亦君子乎？’”

乾元，萬物資始’‘至哉坤元，萬物資生’，及透悟將來，卻統而言曰‘生
生之謂易’，又曰‘元者，善之長也’‘君子體仁，足以長人’，至是，天地
物我，渾成一個，其根心積慮，固惻隱滿腔，而啓口容聲，亦了無間別。
於是其爲學也，其爲教也，皆是以仁爲宗。吾夫子此個宗旨，既原得
諸《易》，而《易》則原本諸天。天何言哉？極究其體，則止是時行而不
息；博觀其用，便是物生而不窮。夫惟其有得於時行之妙乎不息也，
故語學則曰必以時而習之。習能如時，則心自悦之。蓋天人雖遠，機
則潛通，故視聽言動、食息起居，其施諸四體，而應乎百感。自孩提以
至老耄，固皆時時變通，亦皆時時妙運。但非學則日用而不知，能學
則乘時以習熟。夫習熟乘時，則其妙運愈見，[1]其妙運愈見，則其默契
愈深。而晦庵先生所謂‘其進自不能已’者，[2]固足形容其悦懌之機，
而亦可想像其當可之妙矣。吾夫子平生自述其學而不厭者，不開卷
而即了了也哉！夫學則乃爾，而爲教亦然。蓋惟其有得於天之物生
而妙乎不窮也，故朋來必曰‘自遠方’，朋自遠來，則其心不止於悦，而
必曰‘樂’矣。此意惟孟子最善形容，曰獨樂不若與人，與少不若與
衆。[3]蓋‘天生烝民，有物有則，民之秉彝，好是懿德’。夫物則何間於
人哉？均此視聽言動，均此食息起居，亦均此施諸四體而應乎百感，
所以謂之‘帝則’，[4]又謂之‘天則’。[5]德雖天然自有，然以時出之，乃
稱懿美，而人之好之也，自同一秉彝也已。[6]懸想吾夫子，初去博學於

---

[1]　“妙運愈見”，原書作“妙用愈見”，《近溪子續集》作“妙運愈見”，參看上下文，當改“用”爲“運”。

[2]　《論語章句集注》釋“學而時習之”曰“既學而又時時習之，則所學者熟，而中心喜説，其進
自不能已矣”。

[3]　《孟子·梁惠王下》：“莊暴見孟子，曰：‘暴見於王，王語暴以好樂，暴未有以對也。’曰：
‘好樂何如？’孟子曰：‘王之好樂甚，則齊國其庶幾乎！’他日，見於王曰：‘王嘗語莊子以好樂，有
諸？’王變乎色，曰：‘寡人非能好先王之樂也，直好世俗之樂耳。’曰：‘王之好樂甚，則齊其庶幾乎！
今之樂猶古之樂也。’曰：‘可得聞與？’曰：‘獨樂樂，與人樂樂，孰樂乎？’曰：‘不若與人。’曰：‘與少
樂樂，與衆樂樂，孰樂？’曰：‘不若與衆。’”

[4]　《詩經·大雅·皇矣》：“帝謂文王，予懷明德，不大聲以色，不長夏以革。不識不知，順帝
之則。”

[5]　《周易·乾·文言傳》：“乾元‘用九’，乃見天則。”

[6]　《詩經·大雅·烝民》：“天生烝民，有物有則。民之秉彝，好是懿德。”

文,而忽悟《易經》時習去處,極其懼忻踴躍。故即一鄙夫相問,已是兩端必竭,①況人多信從,而至於遠方友朋,亦皆畢集。晦庵先生所謂'德之所被者廣而道之所傳者久②',則人固悅樂乎我,我尤悅樂乎人,益然宇宙之中,渾是一團生意。吾夫子平日自述其誨人不倦者,又不可觸類而長哉?夫時習而悅,已是可知於人;朋來而樂,又果是相知者衆。此而不厭不倦,猶未見其極處,其或行修謗興,德高毀來,而人不我知,卻又能不愠,始表其爲君子也。但'不愠'二字,今之爲說者,皆云君子儒爲己,故人雖不知,而其心漠然無所動於中。如此說'不愠',雖亦有理而實則不然。蓋聖人之所謂己,是聯屬天下以成其己,豈止天下,即萬世亦欲其相通而無間也。故曰:'不患人之不己知,患不知人也。'又曰:'行有不得者,皆反求諸己。其身正而天下歸之。'③然則所云不愠者,只是不敢尤人,而不患人之不己知爾。至反求諸己,以求爲可知,則不至天下皆歸,萬世皆通,必不已矣。蓋委咎於人,則自己用功斯緩;不愠乎人,則自己反求斯切。況吾夫子以仁爲宗,則時時只見其妙於生,物物只見其同於生,統天徹地,貫古貫今。譬則身軀脈理,更無尺寸不聯念慮,亦不忍尺寸不愛且養,間或手足痿痹,痛痒不知,決不愠而棄之,而必針砭藥餌,汲汲皇皇,務醒覺而開通之也。如是方是誨人不倦的極處,亦是學不厭的極處。不厭不倦,方是仁其身以仁天下萬世的極處。不曰君子之德之成哉?"

子曰:"'易有太極',④是夫子贊《易》之詞,非《易》之外又有個太

---

① 《論語·子罕》:"子曰:'吾有知乎哉?無知也。有鄙夫問於我,空空如也,我叩其兩端而竭焉。'"

② 久,《一貫篇》作"衆"。

③ 《孟子·離婁上》:"愛人不親反其仁,治人不治反其智,禮人不答反其敬。行有不得者,皆反求諸己,其身正而天下歸之。《詩》云:'永言配命,自求多福。'"

④ 《周易·繫辭傳上》:"是故易有太極,是生兩儀,兩儀生四象,四象生八卦,八卦定吉凶,吉凶生大業。"

極懸在空中也。即如周子云'無極而太極'，①亦非太極之外又有個無極懸在空中也。"

曰："易之外固非別有太極矣，然易何以便謂之太極也？"

曰："竊意此是吾夫子極深之見、極妙之語也。蓋自伏羲、文、周三聖立畫顯象之後，世之學者觀看便謂太虛中實實有乾坤並陳，又實實有八卦分列，其支離瑣碎，寧不重爲斯道病耶？故夫子慨然指曰：此易之卦象，完全只太極之所生化。蓋謂爻象雖多，均成個混沌東西也。若人於此參透，則六十四卦原無卦，三百八十四爻原無爻，而當初伏羲仰觀俯察、近取遠求，只是一點落紙而已矣。此落紙的一點卻真是黑董董而實明亮亮，真是圓陀陀而實光爍爍也。要之，伏羲自無畫而化有畫，夫子將千畫而化一畫，又將有畫而化無畫也已。"

子曰："'天命之謂性'，②正孔子所謂'默而識之'，③所謂'知天地之化育'，④又所謂'五十學《易》'，⑤'知天命'者也。⑥蓋伏羲當年亦盡將造化著力窺覷，所謂'仰以觀天，俯以察地，遠求諸物，近取諸身'。⑦其初也，同吾儕之見，謂天自爲天，地自爲地，人自爲人，物自爲物。爭奈他志力精專，以致天不愛道，忽然靈光爆破、粉碎虛空，天也無天，地也無地，人也無人，物也無物，渾作個圓團團、光爍爍的東西，描不成、寫不就，不覺信手禿點一點，元也無名，也無字，後來只得喚他做乾、喚他做太極也。此便是性命的根源。三代聖人如文王、周公俱

---

① 《周敦頤集》卷一："此所謂無極而太極，所以動而陽、靜而陰之本體也。"
② 《中庸》："天命之謂性，率性之謂道，修道之謂教。"
③ 《論語·述而》："子曰：'默而識之，學而不厭，誨人不倦，何有於我哉？'"
④ 《中庸》："唯天下至誠，爲能經綸天下之大經，立天下之大本，知天地之化育。"
⑤ 《論語·述而》："子曰：'加我數年，五十以學《易》，可以無大過矣。'"
⑥ 《論語·爲政》："子曰：'吾十有五而志於學，三十而立，四十而不惑，五十而知天命，六十而耳順，七十而從心所欲，不逾矩。'"
⑦ 《周易·繫辭傳下》："古者包犧氏之王天下也，仰則觀象於天，俯則觀法於地，觀鳥獸之文，與地之宜，近取諸身，遠取諸物，於是始作八卦，以通神明之德，以類萬物之情。"

盡心去推衍擬議，及到孔子，又加倍辛勤，韋編之堅，三度斷絕，①自少而壯而老，直至五十歲來，依然乾坤混沌、貫通一團而曰'天命之謂性'也。居常想像吾夫子此言出口之時，真傾瀉銀漢、盡吸滄溟，以將潤其津唾、扶搖剛風、轉旋灝氣，以將舒其喘息，又何天之不爲我、我之不爲天，命之不爲性而性之不爲命也耶？自是以後，口悉皆天言，而其言自時；身悉皆天工，而其動自時。天視自我之視，天聽自我之聽，而其視其聽亦自然無所不時也已。所以率此性而爲道，其道則四達不悖，其學也又安得而或厭？修之而爲教，其教則並育而有成，又安得而或倦也耶？"

子曰："孔子云'仁者人也'。②夫仁，天地之生德也，天地之大德曰'生'，生生而無盡曰'仁'，而人則天地之心也。夫天地亦大矣，然天地之大，大於生；而大德之生，生於心。生生之心，心於人也。故知人之所以爲人，則知人之所以爲天；知人之所以爲天，則知人之所以爲大矣。聖門之求仁也，曰'一以貫之'。③一也者，兼天地萬物，而我其渾融合德者也；貫也者，通天地萬物，而我其運用周流者也。非一之爲體焉，則天地萬物斯殊矣，奚自而貫之能也？非貫之爲用焉，則天地萬物斯間矣，奚自而一之能也？非生生之仁之爲心焉，則天地萬物之體之用斯窮矣，奚自而一之能貫？又奚自而貫之能一也？是聖門求仁之宗也。吾人宗聖人之仁，以仁其身而仁天下於萬世也，固所以貫而運化之，一而渾融之者也。然非作而致其情也，天地萬物也，我也，莫非生也，莫非生則莫非仁也。夫知天地萬物之以生而仁乎我也，則我之生於其生，仁於其仁也，斯不容已矣。夫我生於其生以生，

① 《史記·孔子世家》："孔子晚而喜《易》，序《彖》《繫》《象》《說卦》《文言》。讀《易》，韋編三絕。"
② 《中庸》："哀公問政。子曰：'文、武之政，布在方策，其人存，則其政舉；其人亡，則其政息。人道敏政，地道敏樹。夫政也者，蒲盧也。故爲政在人，取人以身，修身以道，修道以仁。仁者人也，親親爲大；義者宜也，尊賢爲大。親親之殺，尊賢之等，禮所生也。'"
③ 《論語·里仁》："子曰：'參乎！吾道一以貫之。'曾子曰：'唯。'子出。門人問曰：'何謂也？'曾子曰：'夫子之道，忠恕而已矣。'"

仁於其仁以仁也，既不容已矣，則生我之生，以生天地萬物，仁我之仁，以仁天地萬物也，又惡能以自已也哉？夫我能合天地萬物之生以爲生，盡天地萬物之仁以爲仁也，斯其生也不息，而其仁也無疆，此大人之所以通天地萬物以成其身者也。”

　　子曰：“曾子曰‘士不可以不弘毅，任重而道遠’，①孟軻氏得之，曰：‘其爲氣也，至大至剛，以直養而無害，則塞乎天地之間’。②夫天地是乾坤之德久且大，而所由以著見者也。吾夫子贊《易》曰‘乾知大始，坤作成物’。③夫《易》廣矣大矣，資始萬物，而靡一之或遺焉；博矣厚矣，資生萬物，而靡一之弗成焉。要之，實一元之氣，渾淪磅礴，浩渺無垠焉爾。是氣也，名之爲天則天矣，天固乾之所以始乎坤者也；名之爲地則地矣，地固坤之所以成乎乾者也；名之爲我則我矣，我固天地之所以成始而成終者也。夫合天地萬物，而知其爲一氣也，又合天地萬物，而知其爲一我也。如是而謂浩然而充塞乎其間也，固宜；如是而謂大之至而弘足以任重，剛之至而毅足以道遠也，亦宜。是故君子由一氣以生天生地，生人生物，直達順施而莫或益之也，本諸其自然而已也；乘天地萬物，以敷宣一氣，充長成全而莫或損之也，亦本諸其自然而已也。

　　子曰：“宇宙其一心矣乎！夫心，生德也，活潑靈瑩，融液孚通，天此生，地亦此生也；古此生，今亦此生也，無天地無古今而渾然一之者也。生之謂‘仁’，生而一之之謂‘心’，心一則仁一，仁一則生無弗一也。是故一則無間矣，無間者，此心之仁之所以純乎其運也；一則無

---

　　①　《論語·泰伯》：“曾子曰：‘士不可以不弘毅，任重而道遠。仁以爲己任，不亦重乎？死而後已，不亦遠乎？’”

　　②　《孟子·公孫丑上》：“其爲氣也，至大至剛，以直養而無害，則塞於天地之間。其爲氣也，配義與道，無是，餒也。是集義所生者，非義襲而取之也。行有不慊於心，則餒矣。”

　　③　《周易·繫辭傳上》：“乾知大始，坤作成物。乾以易知，坤以簡能。易則易知，簡則易從。易知則有親，易從則有功。有親則可久，有功則可大。可久則賢人之德，可大則賢人之業。易簡而天下之理得矣。天下之理得，而成位乎其中矣。”

外矣，無外者，此心之仁之所以博乎其施也。會而通之，吾兹有取於易之乾坤矣。夫易，生生者也，夫乾之與坤，易之生生所由以合德者也。乾一坤也，坤一乾也，未有坤而不始於乾，亦未有乾而不終於坤者也。乾之象曰‘君子以自强不息’，坤之象曰‘君子以厚德載物’。夫‘自’以言乎其己也，‘物’以言乎其人也，人己之間，以言乎强以健行而厚以持載也。善乎吾夫子之語仲氏也，曰‘出門如見大賓，使民如承大祭’，是强以健行，而乾之所以始乎坤者也；曰‘己所不欲，勿施於人’，是厚以持載，而坤之所以終乎乾者也。①是故君子出門、使民，而兢業不忽，其必有所爲矣；不欲於己，勿施於人，其必有所主矣。説者以其不忽者而名之曰‘敬’，以其勿施者而名之曰‘恕’。予意其敬不徒敬，而捨恕則無所於爲也；恕不徒恕，而捨敬則無所於主也。名之曰‘乾坤合德’，而莫非吾心生生之仁，貫徹於人己之間，至一而匪二，渾合而弗殊者也。”

問：“‘孔子，聖之時’，②似多得之學《易》而然？”

子曰：“易象之贊，必曰：‘時義大矣哉！’③又曰：‘六位時成，時乘六龍以御天。’④所以君子‘動靜不失其時，其道光明’，⑤而‘隨時變易

---

①　《論語·顏淵》：“仲弓問仁。子曰：‘出門如見大賓，使民如承大祭；己所不欲，勿施於人；在邦無怨，在家無怨。’仲弓曰：‘雍雖不敏，請事斯語矣。’”大賓，指尊貴的客人。大祭，指重大的祭祀典禮。出門辦事與人會晤，就好像見貴賓一樣，使唤百姓如同去進行重大的祭祀，都要認真敬重。這裏孔子給弟子指出了禮的本質，即持恭敬心認真行事，毋不敬。近溪認爲，這體現了乾卦的自强不息的健行之道，故説“乾始乎坤”。另外孔子又説，凡是自己不願意接受的事情，也不要施加給別人。這就是恕道，行恕道就是行仁。近溪認爲，這則體現了坤卦的厚德持載之道，故説“坤終乎乾”。

②　《孟子·萬章下》：“孟子曰：‘伯夷，聖之清者也；伊尹，聖之任者也；柳下惠，聖之和者也；孔子，聖之時者也。’”

③　《周易·象傳》於豫、遯、姤、旅四卦皆曰：“豫之時義大矣哉！”“遯之時義大矣哉！”“姤之時義大矣哉！”“旅之時義大矣哉！”

④　《周易·乾·象傳》：“大哉乾元，萬物資始，乃統天。雲行雨施，品物流形。大明終始，六位時成，時乘六龍以御天。乾道變化，各正性命，保合大和，乃利貞。首出庶物，萬國咸寧。”

⑤　《周易·艮·象傳》：“艮，止也。時止則止，時行則行，動靜不失其時，其道光明。艮其止，止其所也。上下敵應，不相與也。是以不獲其身，行其庭不見其人，無咎也。”

以從道也'。①吾夫子平生得力全在於此。惟孟氏獨能知之，乃特稱之曰：'孔子，聖之時者也。'是以其立教於人也，則'當可之謂時'；②其悦諸乎心也，則曰'學而時習之'。惟其教之當可也，故自不覺其倦；惟其習之以時也，故自不覺其厭。《論語》開卷便將一生精神全付打出，可見渾然一團仁體，頃刻便充塞天地而貫徹古今，是何等家風，何等滋味也！吾人豈可漫然輕看也哉？"

問："孔子之'時'與顏子之'復'，③同異何如？"

子曰："顏子之一日復禮，是復自一日始也。自一日而二日以至於十百千萬日，渾然太和元氣之流行，而融液周遍焉，即時而聖矣。故復而引之純也則爲時，時而動之以天也則爲復。時其復之所由成，而復其時之所自來也歟？"

問："《易》爲聖之時也，果爲有據矣。不知如何將此時習以此立教也？"

子曰："乾行之健即時也，自强不息即習諸己而訓諸人也。初九以至上九即時也，潛而弗④用，以至亢而有悔，即習諸己而訓諸人也。推之六十四卦、三百八十四爻皆時也，皆所謂天之則也，亦皆習諸己而訓諸人，奉天則以周旋，而時止時行、時動時静也。推之即《中庸》所謂'喜怒哀樂中節'之'節'，亦即《大學》'致知格物'之'格'也。又

---

①　《伊川易傳·序》："易變易也，隨時變易以從道也。"

②　《禮記·學記》："大學之法，禁於未發之謂豫，當其可之謂時，不陵節而施之謂孫，相觀而善之謂摩。此四者，教之所由興也。發然後禁，則扞格而不勝；時過然後學，則勤苦而難成；雜施而不孫，則壞亂而不修；獨學而無友，則孤陋而寡聞；燕朋逆其師；燕辟廢其學。此六者，教之所由廢也。"

③　《孟子·萬章下》："伯夷，聖之清者也；伊尹，聖之任者也；柳下惠，聖之和者也；孔子，聖之時者也。孔子之謂集大成。"《論語·顏淵》載：顏淵問仁。子曰："克己復禮爲仁。一日克己復禮，天下歸仁焉。爲仁由己，而由人乎哉？"顏淵曰："請問其目。"子曰："非禮勿視，非禮勿聽，非禮勿言，非禮勿動。"顏淵曰："回雖不敏，請事斯語矣。"

④　"弗"，史語所本作"勿"。

推之禮樂之損益、《春秋》之褒貶、《詩》《書》之性情①政事，更無出於‘時’字之外者矣。先儒曰：‘《易》其五經之原乎！’②不明乎《易》而能明諸經者，難且甚矣！”

問：“顏子‘克己復禮’，今解作復卦之‘復’，則禮從中出，其節文皆天機妙用，所謂‘神無方而易無體’者也。③乃禮儀三百，威儀三千，④聖人定以禮經，傳之今古，又若一成而不易者，何也？”

子曰：“君不觀之製曆者乎？夫語神妙無方，至天道極矣，然其寒暑之往來，朔望之盈虛，晝夜之長短，聖人一切可以曆數紀之，至期吻合而無差焉。初不謂天道之神化而節序，遂不可以預期也。此無他，蓋聖人於上古曆元鉤深致遠，有以洞見其根柢而悉達其幾微，故其於運行躔度，可以千載而必之今日，亦可以此時而俟之百世。此其盡性至命之妙，而實修道立教之準也。我夫子成身造世，一以求仁爲宗，正千歲日至，其所洞見而悉達者也。故復以自知，⑤而天之根即禮之源也，⑥所謂‘乾知大始’，⑦‘统天時出’者乎！‘黃中通理，暢達四肢’，⑧而

---

①　“情”，史語所本作“理”。

②　班固《漢書・藝文志》：“六藝之文：《樂》以和神，仁之表也；《詩》以正言，義之用也；《禮》以明體，明者著見，故無訓也；《書》以廣聽，知之術也；《春秋》以斷事，信之符也。五者，蓋五常之道，相須而備，而《易》爲之原。”《周敦頤集・通書・精蘊第三十》：“《易》何止五經之源？其天地鬼神之奧乎！”

③　《周易・繫辭傳上》：“範圍天地之化而不過，曲成萬物而不遺，通乎晝夜之道而知。故神無方而易無體。”

④　《中庸》：“大哉聖人之道！洋洋乎發育萬物，峻極於天。優優大哉！禮儀三百，威儀三千，待其人然後行。故曰：苟不至德，至道不凝焉。”

⑤　《周易・繫辭傳下》：“履以和行，謙以制禮，復以自知，恒以一德，損以遠害，益以興利，困以寡怨，井以辯義，巽以行權。”

⑥　《邵雍集・伊川擊壤集・觀物吟》：“耳目聰明男子身，洪鈞賦予不爲貧。因探月窟方知物，未躡天根豈識人？乾遇巽時觀月窟，地逢雷處看天根。天根月窟閑來往，三十六宮都是春。”“地逢雷”即復卦，於卦氣爲冬至後一陽來復之象，陽爲天爲日，故曰天根。

⑦　《周易・繫辭傳上》：“是故，剛柔相摩，八卦相盪。鼓之以雷霆，潤之以風雨，日月運行，一寒一暑，乾道成男，坤道成女。乾知大始，坤作成物。乾以易知，坤以簡能。”

⑧　《周易・坤・文言傳》：“君子黃中通理，正位居體，美在其中，而暢於四支，發於事業，美之至也。”

禮之出即天之運也，所謂'乾道變化，各正性命'者乎！①顏氏博文約禮，感夫子之循循善誘，②是則三百、三千而著之經曲之常者也。③如有立卓，嘆夫子之瞻忽末由，是則天根自復而化不可爲者也。夫子之爲教與顏子之爲學，要皆不出仁禮兩端，而仁禮兩端，要皆本諸天心一脈。吾人用志浮淺，便安習氣，其則古稱先者稍知崇尚聖經，然於根源所自，茫昧弗辨，不知人而不仁、其如禮何！是拙匠之徒，執規矩而不思心巧者也。其直信良心者，稍知道本自然，乃於聖賢成法，忽略弗講，不知人不學禮，其何以立！是巧匠之徒，竭目力而不以規矩者也。善學孔顏以求仁者，務須執禮以律躬，而尤純心以敦復。④敦復崇禮又能考究帝王、會通典制，直至吻合聖神、歸於至善而後已焉。是大匠之爲方圓也，巧不徒巧而規矩以則之，規矩不徒規矩而巧以精之，則其棟明堂而覆廣厦，不將柱立乾坤而永奠邦家於萬世無疆也哉！"

　　問："顏子'復禮'之'復'，固《易經》'復卦'之'復'矣，但本文'復'不徒'復'，而必曰'復禮'，不徒曰'復禮'，而必曰'克己'者，何也？"

　　子曰："'復'本諸《易》，則訓釋亦必取諸《易》也。《易》曰'中行獨復'，⑤又曰'復以自知"，⑥'獨'與'自'即己也，'中行'而'知'即禮也。惟獨而自，則聚天地民物之精神而歸之一身矣，己安得而不復耶？惟

---

　　①　《周易·乾·彖傳》："大哉乾元，萬物資始，乃統天。雲行雨施，品物流形。大明終始，六位時成，時乘六龍以御天。乾道變化，各正性命，保合大和，乃利貞。首出庶物，萬國咸寧。"

　　②　《論語·子罕》："顏淵喟然嘆曰：'仰之彌高，鑽之彌堅；瞻之在前，忽焉在後。夫子循循然善誘人，博我以文，約我以禮。欲罷不能，既竭吾才，如有所立卓爾。雖欲從之，末由也已。'"

　　③　"曲"，底本作"典"，底本"三千"在"三百"前，據《一貫編》《明道錄》改。經曲：經禮和曲禮，泛指一切禮。《禮記·禮器》云："經禮三百，曲禮三千。"《中庸》云："禮儀三百，威儀三千。"

　　④　敦復：語出《周易·復》："六五，敦復，無悔。"《象》曰："敦復無悔，中以自考也。"敦，敦厚。復，回復，意指復歸於正道。敦復，猶說以其敦厚復歸於正道。六五爻居坤體之中，坤德厚順；居中自守，能復於正。故有敦復之說。

　　⑤　《周易·復》："六四，中行獨復。"《象》曰："中行獨復，以從道也。"

　　⑥　《周易·繫辭傳下》："履以和行，謙以制禮，復以自知，恒以一德，損以遠害，益以興利，困以寡怨，井以辯義，巽以行權。"

中而知,則散一己之精神而通之天地民物矣,復安得而不禮乎? 故觀'一日天下歸仁',①則可見禮自復而充周也;觀'爲仁由己而不由人',則可見復必由己而健行也。是即孟子所謂'萬物皆備於我,反身而誠,樂莫大焉'者也。宋時儒者如明道説'認得爲己,何所不至',②又説'仁者渾然與物同體,義、禮、智、信皆仁也',似得顔子此段精神。象山解'克己復禮','能以身復乎禮',③似得孔子當時口氣。"

曰:"'克去己私',漢儒皆作此訓,④今遽不從,何也?"

曰:"亦知其訓有自,但本文'由己'之'己'亦'克己''己'字也,如何作得做由己私?《大學》'克明德''克明峻德',亦'克己''克'字也,如何作得做去明德,去峻德耶? 況'克'字正解,只是作'勝'、作'能',未嘗作'去'。今細玩《易》謂'中行獨復','復以自知',渾然是己之能與勝處,難説《論語》所言不與《易經》相通也。"

曰:"顔子請問其目,而孔子歷指四個非禮,非禮不是己私如何?"

曰:"此條卻是象山所云'能以身復乎禮'者也。蓋視聽言動皆身也。視孰爲視,聽孰爲聽,言動孰爲言動? 皆禮也。視以禮視,聽以禮聽,非禮則勿視聽;言以禮言,動以禮動,非禮則勿言動,是則渾身

---

① 《論語·顔淵》:"顔淵問仁。子曰:'克己復禮爲仁。一日克己復禮,天下歸仁焉。爲仁由己,而由人乎哉?'"顔淵曰:"請問其目。"子曰:"非禮勿視,非禮勿聽,非禮勿言,非禮勿動。"顔淵曰:"回雖不敏,請事斯語矣。"

② 《二程遺書》卷二上:"仁者以天地萬物爲一體,莫非己也,認得爲己,何所不至?"

③ 查陸九淵《象山集》似無此語。陸九淵本人解"克己復禮"與朱熹類似,"克"爲"克制",但陸九淵弟子楊簡反復强調並論證這裏"克"爲"能"義,他説"能以己復我本有之禮,禮非私意,皆道心之變化"(《慈湖先生遺書》卷之三《贈錢誠甫》)。羅汝芳受楊簡此説影響甚大。

④ 在漢代經學的訓詁傳統中,"克"被釋爲"約",意謂約束;"己"被釋爲"身",意謂自身。何晏《論語集解》引東漢馬融注:"克己,約身。"宋邢昺疏曰:"克,約也;己,身也;復,反也。言能約身反禮,則爲仁矣。"王肅在《孔子家語·正論解第四十一》注中説:"克,勝。言能勝己私情。"可以説,上述解釋是宋以前的主流見解,其中"克己"並没有"克去己私"的確切涵義,不過皆賦予"克己"以約束之意。邢昺還引用了隋儒劉炫之説:"克訓勝也,己謂身也。身有嗜欲,當以禮義齊之,嗜欲與禮義戰,使禮義勝其嗜欲,身得歸復於禮。如是乃爲仁也。"(《論語注疏》卷十二)劉炫此説實開創了宋儒釋"克己"爲"克去己私"的先河。

而復乎禮矣。此即非禮以見復禮，即如恕之以不欲勿施，而見所欲與施也，皆反言以見正意。大約孔門宗旨，專在求仁，而直指體仁學脈，只說‘仁者人也’。此人字不透，決難語仁。故‘爲仁由己’，即人而仁矣。此意惟孟子得之最真，故口口聲聲只說個性善。今以己私來對性善，可能合否？此處是孔、顏、孟三夫子生死關頭，亦是百千萬世人的生死關頭，故不得不冒昧陳說。若謂衆皆莫肯信從而且遷就，則當時子貢諸人已嘗疑孔子是求之於外，①樂正子已不信孟子爲實有諸己，況七十之與三千？又況漢唐宋而失傳以至今日矣乎？幸大家早共反求，以仁其身而仁天下、仁萬世於無疆可也。”

問：“‘克己復禮’，以‘克’作‘能’，不識‘克伐怨欲’，②‘克’字如何又專作‘勝’也？”

子曰：“回之與憲，均稱孔門高第，亦均意在求仁，但途徑卻分兩樣。③今若要作解釋，則‘克’字似當一樣看，皆是‘能’也。孟子曰：‘仁，人心也。’④心之在人，體與天通而用與物雜，總是生之而不容已，混之而不可二者也。故善觀者，生不可已，心即是天而神靈不測，可愛莫甚焉。不善觀者，生不可二，心即是物而紛擾不勝，可厭莫甚焉。然見心爲可愛者，則古今人無一二，而心爲可厭者，則古今十百千萬，而人人皆然矣。蓋自虞廷便說‘道心惟微’，果是心涵道體，神妙之難

---

① 《論語·衛靈公》：“子曰：‘賜也，女以予爲多學而識之者與？’對曰‘然，非與？’曰：‘非也，予一以貫之。’”

② 《論語·憲問》：“憲問耻，子曰：‘邦有道，穀；邦無道，穀，耻也。’‘克、伐、怨、欲不行焉，可以爲仁矣？’子曰：‘可以爲難矣，仁則吾不知也。’”《論語章句集注》曰：“克，好勝。伐，自矜。怨，忿恨。欲，貪欲。”

③ 原憲以“克伐怨欲”問仁，孔子以不置可否的語氣表達了否定態度。而按《論語·顏淵》載，顏淵問仁，孔子則答：“克己復禮爲仁。一日克己復禮，天下歸仁焉。爲仁由己，而由人乎哉？”近溪單獨拈出“原憲問仁”與“顏淵問仁”這兩個典型例子，指出二者求仁途徑的區別。

④ 《孟子·告子上》：“仁，人心也；義，人路也。舍其路而弗由，放其心而不知求，哀哉！人有雞犬放，則知求之；有放心，而不知求。學問之道無他，求其放心而已矣。”

窺；‘人心惟危’，亦果是心屬人身，形迹之易滯。①危而易滯，所以形迹
在前者，滿眼渾是物欲；微而難窺，所以神妙在中者，終身更鮮端倪。
幸天生我夫子，聖出天縱，自來信好《易經》，於乾之大生，坤之廣生，②
潛乎默識，會③得人人物物，都在生生不已之中，引綫之星火纖燃，④
銃炮之剛中爆發，一以貫之，不覺頃刻之間，仁體充塞乎天地人物而
無間矣。故平生所以爲學，所以爲教，只是以仁爲宗，期以號呼群生
之醉夢而省覺之。無奈及門之徒，亦往往互相抵牾，惟顏子於其言語
無所不悦，故來問仁，即告之以‘能己復禮，則天下歸仁’。能復，即⑤
其生生所由來；歸仁，即⑥其生生所究竟也。原憲卻也久在求仁，然
心尚滯於形迹，自思心之不仁，只爲怨欲二端紛擾作祟。於是盡力
斬伐，已到二端都⑦不敢行去處，乃忻忻相問：‘人能伐治怨欲，俱不
敢行去處，仁將不庶幾乎？’吾夫子聞⑧知此語，頗覺傷殘，漫付之一
嘆，曰：‘可以爲難矣。’蓋怨、欲是人性生，今伐治不行，豈是容易？至
説‘仁則吾不知也’，卻甚是外之之词，亦深致惜之之意。憲竟付之不
問，豈其心猶疑聖言之不如己見也！噫！原憲且然，而樊遲諸子，更
復何望？及門者且然，而漢唐諸儒又復何望？誠哉道心之微而難窺，
生理之妙而鮮識也。比至有宋，乃得程伯淳‘渾然與物同體’之説倡
之於先，⑨陸子静‘宇宙一心無外’之語繼之於後。⑩入我皇明，⑪尊崇
孔顏曾孟，大闡求仁正宗，近得陽明王先生發良知真體，單提顯設

①　《尚書・虞書・大禹謨》：“人心惟危，道心惟微，惟精惟一，允執厥中。”
②　《周易・繫辭上》：“夫乾，其静也專，其動也直，是以大生焉。夫坤，其静也翕，其動也辟，
是以廣生焉。”
③　“會”，底本闕，據史語所本補。
④　“燃”，底本闕，據史語所本補。
⑤⑥　“即”，底本作“則”，據《一貫編》改。
⑦　“都”，《一貫編》作“俱”。
⑧　“聞”，底本作“問”，據《一貫編》改。
⑨　程伯淳即程顥，他在《識仁篇》中説：“學者須先識仁。仁者，渾然與物同體。義、禮、智、
信皆仁也。仁者，以天地萬物爲一體，莫非己也。”
⑩　陸子静即陸九淵，他指出“宇宙便是吾心，吾心即是宇宙”（《象山集》卷二二《雜説》）。
⑪　“皇明”，底本、史語所本均作“朝來”，從《一貫編》作“皇明”。“朝來”當爲清人所改。

以化日中天焉，寧非斯文之幸而千載一時也哉？衆共勉之！衆共
勉之！"

　　子曰："夫《易》者，聖聖傳心之典而天人性命之宗也，是故塞乎
兩間、徹乎萬世，夫孰非一氣之妙運乎？則乾始之而坤成之，形象之
森殊是天地人之所以爲命而流行不易者也。兩間之塞、萬世之徹，
夫孰非妙運以一氣乎？則乾實統夫坤，坤總歸乎乾，變見之渾融，是
天地人之所以爲性而發育無疆者也。然命以流行於兩間萬世也，生
生而自不容於或已焉，孰不已之也？性以發育乎兩間萬世也，化化
而自不容於或遺焉，孰不遺之也？是則乾之大始，剛健中正、純粹至
精，①不遺於兩間而超乎兩間之外，不已於萬世而出乎萬古之先。浩
浩其天，了無聲臭，伏羲畫之一以專其統，文王象之元以大其生，然皆
不若夫子之名之以'乾知大始'而獨得乎天地人之所以爲心者也。夫
始曰'大始'，是至虛而未見乎氣，至神而獨妙其靈，徹天徹地，貫古貫
今，要皆一知以顯發而明通之者也。夫惟其顯發也，而心之外無性
矣。夫惟其明通也，而心之外無命矣。故曰：'復其見天地之心乎！'②
又曰：'復以自知也。'③夫天地之心也，非復固莫之可見，然天地之心
之見也，非復亦奚能以自知也耶？蓋純坤之下初陽微動，是正乾之大
始而天地之真心也，亦大始之知而天心之神發也。唯聖人迎其幾而
默識之，是能以虛靈之獨覺妙契大始之精微，純亦不已而命天命也，
生化無方而性天性也，終焉神明不測而心固天心、人亦天人矣。"

　　問："復何以能自知也哉？"

---

　　①　《周易·乾·文言傳》："大矣哉。大哉乾乎！剛健中正，純粹精也。"
　　②　《周易·復·彖辭》："復亨；剛反，動而以順行，是以出入無疾，朋來無咎。反復其道，七
日來復，天行也。利有攸往，剛長也。復其見天地之心乎？"
　　③　《周易·繫辭傳下》："復以自知，恒以一德。"

子曰："是有'生而知之者'矣,①'聞一善言,見一善行,沛然若決江河,莫之能禦'者也。②有'學而知之者'矣,'我非生而知之者,好古,敏以求之者也'。③有'困而知之者'矣,'人一能之,己百之;人十能之,己千之。果能斯道,而雖愚必明者也'。④"

曰："孔子何以學而知之也?"

曰："孔子志於學,學乎大學者也。學大學者,必先於格物。格物者,物有本末,於本末而先後之,是所以格乎物也。"

曰："格物之本末,何以遂能獨復而自知也哉?"

曰："古之平天下者,必先治國,治國必先齊家,齊家必先修身。是天下本在國,國本在家,家本在身。於是能信之真,好之篤,而求之極其敏焉,則此身之中生生化化一段精神,必有倏然以自動、奮然以自興,而廓然渾然以與天地萬物爲一體,而莫知誰之所爲者。是則神明之自來,天機之自應,若銃炮之藥,偶觸星火而轟然雷震乎乾坤矣。至此,則七尺之軀,傾刻而同乎天地;一息之氣,倏忽而塞乎古今。其餘形骸之念、物欲之私,寧不猶'太陽一出而魍魎潛消也'哉?⑤故《大學》一書,是孔子平生竭力《六經》而得的受用。如病人飲藥已獲奇效,卻抄方遍施,以起死回生乎百千萬衆也。後世切不可只同其他經書看過,當另作一般理會,久久有個獨復自知之時,方信予言爲不謬也已。"

---

① 《論語·季氏》:"孔子曰:生而知之者,上也;學而知之者,次也;困而學之,又其次也;困而不學,民斯爲下矣。"

② 《孟子·盡心上》:"舜之居深山之中,與木石居,與鹿豕遊,其所以異於深山之野人者幾希;及其聞一善言,見一善行,若決江河,沛然莫之能禦也。"

③ 《論語·述而》:"子曰:'我非生而知之者,好古,敏以求之者也。'"

④ 《中庸》:"人一能之,己百之;人十能之,己千之。果能此道矣,雖愚必明,雖柔必强。"

⑤ 王陽明《示弟立志説》:"蓋無一息而非立志責志之時,無一事而非立志責志之地。故責志之功,其於人欲,有如烈火之燎毛,太陽一出,而魍魎潛消也。"(《王陽明全集》卷七,上海:上海古籍出版社,2011年,第289頁)陽明此處強調立志的重要性,而立志的用功處即用心處,若於心上作立志工夫,挺立良知本體,則人心之私欲障蔽立馬消散。此處以"太陽"喻指良知本體,在太陽照耀下,一切魑魅魍魎等醜惡現象都會原形畢露。

問：“孔子以復禮答顏氏問仁，則所謂學《易》者，即所以求仁矣乎？”

子曰：“學易所以求仁也，蓋非易無以見天地之仁，故曰‘生生之謂易’，①而非復何以見天地之易，故又曰‘復其見天地之心’。夫大哉乾元，生天生地，生人生物，渾融透徹，只是一團生理。吾人此身，自幼至老，涵育其中，知見絃爲，莫停一息，本與乾元合體，衆人卻日用不著不察，是之謂道不能弘人也。必待先覺聖賢之明訓格言，呼而覺之，則耳目聰明頓增顯亮，心思智慧豁然開發，真是黃中通理而寒谷春回。此個機括，即時塞滿世界，了結萬世，所謂天下歸仁而爲仁由己也。其根器深厚、志力堅貞的漢子，際此景界，便心寒膽戰，恭敬奉持，如執玉，如捧盈。毫忽不能昧，便喚做‘研幾’。②斯須不敢瞞，便喚做‘慎獨’。不落聲臭，不涉睹聞，淵淵浩浩，喚做‘極深’。坦坦平平，好惡不作，喚做‘君子依乎中庸’也。③蓋此個天心，元賴耳目四肢顯露，雖其機不會滅息，而血肉都是重滯，若根器淺薄，志力怠緩者，則呼處或亦有覺，而受用卻是天淵，反致輕視此理而無所忌憚，不免游氣雜擾而成小人之中庸矣。④孔門自顏子而下，鮮有不在此處作疑。故‘仁者人也’，⑤縱口說不倦而未有人聽；‘從心所欲’，⑥縱身體不厭而無有人喜。走東走西，只是要依各人亂做，況無聖人親自呼覺，又可奈何？其後卻虧了孟子是個豪傑，他只見著孔子幾句話頭，便耳目爽朗，親見如聖人在前，心思豁順，就與聖人吻合，一氣呵出，說道人

---

①　《周易·繫辭傳上》：“富有之謂大業，日新之謂盛德。生生之謂易，成象之謂乾，效法之謂坤，極數知來之謂占，通變之謂事，陰陽不測之謂神。”

②　《周易·繫辭傳上》：“夫易，聖人之所以極深而研幾也。唯深也，故能通天下之志；唯幾也，故能成天下之務；唯神也，故不疾而速，不行而至。”

③　《中庸》：“子曰：‘素隱行怪，後世有述焉，吾弗爲之矣。君子遵道而行，半途而廢，吾弗能已矣。君子依乎中庸，遯世不見知而不悔，唯聖者能之。’”

④　底本於此有小字注：“楚侗耿先生評曰：‘是予此懼甚矣。’”

⑤　《中庸》：“仁者人也，親親爲大；義者宜也，尊賢爲大。親親之殺，尊賢之等，禮所生也。”

⑥　《論語·爲政》：“子曰：‘吾十有五而志於學，三十而立，四十而不惑，五十而知天命，六十而耳順，七十而從心所欲，不逾矩。’”

性皆善。至點掇善處，惟是孩提之愛敬，達之天下，則曰'道在邇，事在易，親親長長而天下平'也。①憑他在門高第如何諍論，也不改一字；憑他列國君臣如何忿惡，也不動一毫，②只是入孝出悌，守先王之道以待後之學者。看他直養無害，即浩然塞乎天地，③萬物皆備而反身，樂莫大焉。④其氣象較之顏子，又不知如何？予嘗竊謂孔子渾然是易，顏子庶幾乎復，而孟子庶幾乎乾。若求仁而不於易，學易而不於乾與復焉，乃欲安意以同歸於孔、顏、孟也，亦誤矣哉！亦難矣哉！"

子因或問："程子云'孔子道大難求，學者須學顏子'，⑤顏子有個學眼。復卦所許顏子庶幾，只是'有不善未嘗不知，知之未嘗復行'。⑥"

乃曰："說《易》須先乾坤，乾坤須先復卦。乾坤二卦，雖不相離，而不可相並，六十卦皆是此意。故今說復，也要乾來照應。蓋復之為候，是一年至日，於四時則其時為春首，於六氣則其氣為溫暖。乾曰'元亨利貞'，則是元之初起頭處，融和溫煦，天下萬事萬物，最可愛可喜，而為卦之善者也。然孟子形容這個善，卻云'可欲之謂善'，⑦而孔子指點這個乾元，則又云'元者善之長'，⑧是復在六十四卦，豈不是第一最善者哉？今要解得復卦的確，須說復是復個善也。其復善，又是

---

① 《孟子·離婁上》："道在爾而求諸遠，事在易而求諸難。人人親其親、長其長，而天下平。"

② "毫"，底本作"豪"，據《一貫編》改。

③ 《孟子·公孫丑上》："其為氣也，至大至剛，以直養而無害，則塞於天地之間。其為氣也，配義與道，無是，餒也。是集義所生者，非義襲而取之也。行有不慊於心，則餒矣。"

④ 《孟子·盡心上》："萬物皆備於我矣，反身而誠，樂莫大焉；強恕而行，求仁莫近焉。"

⑤ 這句話似不見於程子語錄，相關性比較高的是《二程遺書》卷二上："孟子才高，學之無可依據。學者當學顏子，入聖人為近，有用力處。"

⑥ 《周易·繫辭傳下》："子曰：'顏氏之子，其殆庶幾乎？有不善未嘗不知，知之未嘗復行也。'"

⑦ 《孟子·盡心下》："浩生不害問曰：'樂正子何人也？'孟子曰：'善人也，信人也。''何謂善？何謂信？'曰：'可欲之謂善，有諸己之謂信，充實之謂美，充實而有光輝之謂大，大而化之之謂聖，聖而不可知之之謂神。'"

⑧ 《周易·乾·文言傳》曰："元"者，善之長也；"亨"者，嘉之會也；"利"者，義之和也；"貞"者，事之幹也。君子體仁足以長人，嘉會足以合禮，利物足以和義，貞固足以幹事。君子行此四德者，故曰"乾，元、亨、利、貞"。

復善之最長,而不可以他卦例言也。"

又曰:"復是一個而可兩分,雖可兩分而實則總是一個善耳。蓋性善則原屬之天,而順以出之,知善則原屬之人,而逆以反之。故孩提初生,其禀受天地太和,真機發越,固隨感皆便懽喜。①若人心神,開發於本性之良,徹底透悟,則天地太和,亦即時充滿,而真機踴躍,視諸孩提又萬萬矣。"

又曰:"復之一卦,學者只一透悟,則自身自內及外,渾是一個聖體,即天地冬至陽回,頑石枯枝,更無一物不是春了。樂正子只緣未透這關,所以'美''大''聖''神',竟無他分也。"②

問"默而識之"。③

子曰:"此即程子所謂'先須識仁'也,'蓋仁者,渾然與物同體'。④此體既與物同,則教、學又豈容二哉? 故教不徒教,而以學直己陳德而不敢欺也;學不徒學,而必以教與人爲善而不敢私也。教學相長,人己夾持,以故有親有功,可久可大,而又何厭倦之有哉? 程子曰'以己合彼,猶是二物有對,又安能樂',又曰'能存之而樂,亦不患其不能守也'。"⑤

---

①　"懽喜",《一貫編》作"歡笑"。

②　孟子曰:"可欲之謂善,有諸己之謂信。充實之謂美,充實而有光輝之謂大,大而化之之謂聖,聖而不可知之之謂神。樂正子,二之中,四之下也。"(《孟子·盡心下》)孟子認爲樂正子是善人、信人,沒有達到美、大、聖、神的境界。

③　《論語·述而》:"子曰:'默而識之,學而不厭,誨人不倦,何有於我哉!'"

④　《二程遺書》卷二上:"學者須先識仁。仁者,渾然與物同體。義、禮、知、信,皆仁也。識得此理,以誠敬存之而已,不須防檢,不須窮索。若心懈則有防,心苟不懈,何防之有? 理有未得,故須窮索,存久自明,安待窮索?"

⑤　此兩句引文與原文略有出入,《二程遺書》卷二上:"此道與物無對,大不足以名之,天地之用皆我之用。孟子言'萬物皆備於我',須反身而誠,乃爲大樂。若反身未誠,則猶是二物有對,以己合彼,終未有之,又安得樂?《訂頑》意思,乃備言此體。以此意存之,更有何事? '必有事焉而勿正,心勿忘,勿助長',未嘗致纖毫之力,此其存之之道。若存得,便合有得。蓋良知良能元不喪失,以昔日習心未除,卻須存習此心,久則可奪舊習。此理至約,惟患不能守。既能體之而樂,亦不患不能守也。"

問："程子既云'仁者以天地萬物爲一體',又云"仁者渾然與物同體",意果何如？

子曰："天地之大德曰生,夫盈天地間只一個大生,則渾然亦只是一個仁矣。中間又何有纖毫①間隔,又何從而分得天地、分得萬物也哉？故孔門宗旨,惟是一個仁字;孔門爲仁,惟是一個恕字。如云'己欲立而立人,己欲達而達人',分明説:己欲立,不須在己上去立,只立人即所以立己也;己欲達,不須在己上去達,只達人即所以達己也。是以平生功課,學之不厭,誨人不倦。其不厭處,即其所不倦處;其不倦處,即其所不厭處。統天徹地,膠固圓融,由內及外,更無分別,此方是渾然之仁,亦方是孔門宗旨也已。"

問："道有定體,學有成法。若學無成法,雖道有定體,恐亦不爲我有,是否？"曰："此語果然。豈惟學有成法？即默識亦有成法。"

曰："如何是默識的成法？"

曰："學是學爲孔子,則吾人凡事皆當以孔子爲法。孔子十五而志於學,今日便當向半夜五更,默默静静,考問自己的心腸,果是肯如孔子之一心一意去做聖賢耶？或只如世俗之見,將將就就,以圖混過此生也？若將就混過,正是鄉愿的本事,孟子駡他做'德之賊','賊'字是害字。②蓋此個念頭,即是鴆毒刀兵,害了此一生也。以此做個的確規模,十五則決要志學,三十則決要立,四十則決要不惑,五十、六七十莫不皆然,③方纔謂之學有成法。五更半夜,常以此去自考,便又謂之'默而識之'之成法也。"

---

① 毫,底本作"豪",誤。

② 鄉愿:指鄉中貌似謹厚,而實與流俗合汙的僞善者。《論語·陽貨》："子曰:'鄉愿,德之賊也。'"《孟子·盡心下》亦云:"孔子曰:'過我門而不入我室,我不憾焉者,其惟鄉原乎！鄉原,德之賊也。'"

③ 《論語·爲政》："子曰:'吾十有五而志於學,三十而立,四十而不惑,五十而知天命,六十而耳順,七十而從心所欲,不逾矩。'"

問：“學者將天地萬物一體處理會得明盡，則仁便可識，其功是否？”

子曰：“程子欲人先識者，識此仁也。仁者，天之生德，活潑潑地，昭著心目，苟一加察，即真機現前，仁識而天地萬物自在其中矣。如入井一段，既是怵惕惻隱，①則我與孺子，原如手之捫足、唇之護舌，又焉有二體哉？若先行理會，方可言仁，則孺子之救，逢人同之，非惟不必理會，而亦不暇理會矣。”

問：“渾然與物同體，視《大易》‘君子體仁’之意何如？”

子曰：“聖賢語仁多矣，最切要者，莫逾體之一言。蓋吾身軀殼，原止血肉，能視聽而言動者，仁之生機爲之體也。推之而天地萬物，極廣且繁，亦皆軀殼類也，潛通默識，則何我體之非物，而物體之非我耶？譬之巨釜盛水，②衆泡競出，人見其泡之殊，而忘其水之同耳。孺子入井境界，卻是一泡方擊而衆泡咸動，非泡之動也，釜水同是一機，固不能以自已也。”

問：“渾然同體，與兼愛之學何別？”

子曰：“體之爲言，最可玩味，夫體即身也，頭目居上，四肢居下，形骸外勞，心腹內運，而身乃成焉，愛豈無差等哉？”

或曰：“既是一體，終恐流於兼愛耳。”

曰：“君知所恐，自然不流矣，但恐君心或過於忍，無愛之可流耳。”

問：“孔子曰志於道，只此一語，極是學者所當理會，亦是學者所難理會。蓋天下古今惟是此道，若此道有真見，則志自不容已。志既

---

① 《孟子·公孫丑上》：“所以謂人皆有不忍人之心者，今人乍見孺子將入於井，皆有怵惕惻隱之心。非所以內交於孺子之父母也，非所以要譽於鄉黨朋友也，非惡其聲而然也。”

② “之”，劉元卿《諸儒學案》（明萬曆刻劉應舉補修本）作“則”。

不容已，則學之不厭、教之不倦，精神漸次堅凝，而聖人發憤忘食、樂以忘憂，不知老之將至，其閫奧將自有入頭處也。”

子曰：“誠然誠然，但今看來，道之爲道，不從天降，亦不從地出，切近易見，則赤子下胎之初啞啼一聲是也。聽著此一聲啞啼，何等迫切；想著此一聲啞啼，多少意味。其時骨肉之情，依依戀戀，毫髮也似分離不開，頃刻也似安歇不過，真是繼之者善，成之者性，①而直見乎天地之心，亦真是推之四海皆準，垂之萬世無朝夕。若捨此不去著力理會，其學便叫做遠人以爲道，縱是甚樣聰明，甚樣博洽，甚樣精透，卻總是無源之水，無根之木，用力雖勤，而推充不去。不止推充不去，即心身亦受用不來。求其如是而己，如是而人，如是而天下國家，如是而百年千載，我可以時時服習，人可以個個公共，而云學不厭、教不倦也，亦難矣哉，亦難矣哉！”

子曰：“夫天‘莫之爲而爲，莫之致而至’者也。②聖則不思而自得，不勉而自中者也；學則希聖而希天者也。夫欲希聖希天，而不求己之所以同於聖天者以學焉，安能至哉？反而思之，我之初生，一赤子也，赤子之心，渾然天理，其知不必慮，其能不必學，蓋即莫之爲而爲、莫之致而至之體也。然則聖人之爲聖人，亦惟以其不慮不學者，同之莫爲莫致者。我常敬順乎天，天常生化乎我，久之自成不思不勉從容之聖人矣。聖如孔子，其同天處更親切焉。彼赤子之出胎而即叫啼也，是愛戀母之懷抱也。孔子卻指此愛根而名之爲仁，推充此愛根以爲人。合而言之，曰‘仁者人也，親親爲大’。③若曰爲人者，常能親親則愛深，而其氣自和，氣和而其容自婉，不忍一毫惡於人，不敢一毫慢於人，所以時時中庸而位天育物，其氣象出之自然，而功化成之渾然

---

①　《周易·繫辭傳上》：“一陰一陽之謂道，繼之者善也，成之者性也。仁者見之謂之仁，知者見之謂之知。百姓日用而不知，故君子之道鮮矣。”

②　《孟子·萬章上》：“莫之爲而爲者，天也；莫之致而至者，命也。”

③　《中庸》：“子曰：‘仁者人也，親親爲大；義者宜也，尊賢爲大。’”

也已。”

或曰：“赤子之心渾然天理固矣，但謂群聖之同天與孔子之尤加親切，卻只是個覺悟，所以説‘復其見天地之心’，便其覺悟處也。”

曰：“謂之復者，正以其原日已是如此，而今始見得如此，便天地不在天地，而在吾心。所以又説‘復以自知’。自知云者，知得自家原日的心也。”

或曰：“自家原有同天同地同聖人的心，每每迷而不悟，想久被世界一切紛華物欲之所蔽而然乎？”

曰：“嘗觀世人，亦有一種生來便世味淡薄、物欲輕少者，然於此一著亦往往不悟，縱説亦往往不信。此即果如陽明先生所謂‘個個人心有仲尼，自將聞見苦遮迷’也。①蓋人自幼時讀書便用集説等講解，其支離甚可鄙笑；何止集説，即漢儒去聖未遠，其注疏汗牛充棟，而孝弟之道卻看得偏輕，不以爲意，蔓延以至後世，又何足怪？故嘗謂，人之不悟，蔽於物欲者固多，而迷於聞見者不少。苟非遇先知先覺之人，爲之説破，縱教聰慧過顏、閔，果然莫可强猜也已。”

問：“‘乾以易知，坤以簡能’，何分別如是？”

子曰：“乾坤之德只是‘知’‘能’兩字，其實又只是‘知’之一字。蓋生天生地、生人生物，透體是此神靈爲之變化，以其純陽而明故也。然陽之所成處即謂之陰，而陰陽皆明以通之，所以並舉而言，則曰‘乾以易知，坤以簡能’，又曰‘乾知大始，坤作成物’。及其兼統而言，於乾則曰‘德行恒易以知險’，於坤則曰‘德行恒簡以知阻’。②究竟陽之初動爲復，而曰‘見天地之心’，是復則明統乎始；曰‘復以自知’，是能則又果屬乎知也已。”

---

① 王陽明《詠良知四首示諸生》（一）：“個個人心有仲尼，自將聞見苦遮迷。而今指與真頭面，只是良知更莫疑。”（《王陽明全集》卷二十，第 870 頁）

② 《周易·繫辭傳下》：“夫乾，天下之至健也，德行恒易以知險。夫坤，天下之至順也，德行恒簡以知阻。能説諸心，能研諸侯之慮，定天下之吉凶，成天下之亹亹者。”

問："'群龍無首,乃見天則',①敢問天則必如何乃可得見也?"

子曰:"據汝之問,果欲見天則乎?"

曰:"然。"

曰:"若天則可以見而求,可以問而得,則言語耳目各各用事,群龍皆有首矣,寧不愈求而愈不可得也耶? 蓋《易》之象原出自文王,《詩》之頌文王也必曰'不識不知,順帝之則',②又曰'無然畔援,無然歆羨,誕先登於岸',③其所謂'畔援''歆羨'者,豈皆如世之富貴外物哉? 即汝曹今日欲求見天則之心也。故道岸之登不難,而歆畔之忘實難;帝則之順不難,而知識之泯實難。"

曰:"若然,則吾將言語知識俱不用之可乎?"

曰:"即此不用之心與求見之心,又何所分別乎?"

問:"孔子於《易》未嘗言禮,乃告顏子必曰'復禮'者,何也?"

子曰:"復者,陽而明者也。'黃中通理,正位居體',是身之陽所自明也。'暢於四肢,發於事業',④是陽之明所必至也。故《禮》曰'天理之節文',⑤而又曰'時爲大,順次之'。⑥夫復則天,天則時,時則順而理,順而理則動容周旋、四體不言而默中帝則,節而自成乎文矣。復在乎己也夫,安得不動之而爲禮也耶? 是以孔孟立教,每以仁禮並言,蓋仁以根禮,禮以顯仁,則自視聽言動之間而充之,仕止久速之

①　《周易·乾》:"用九,見群龍無首,吉。"《文言傳》中又曰:"乾元用九,天下治也","乾元用九,乃見天則"。

②　《詩經·大雅·皇矣》:"帝謂文王,予懷明德,不大聲以色,不長夏以革。不識不知,順帝之則。"

③　畔援:亦作"畔換",暴橫、跋扈之意。語出《詩經·大雅·皇矣》:"帝謂文王:無然畔援,無然歆羨,誕先登於岸。"歆羨:羨慕。

④　《周易·坤·文言傳》:"君子黃中通理,正位居體,美在其中,而暢於四支,發於事業,美之至也。"

⑤　《禮記·坊記》:"禮者,因人之情而爲之節文,以爲民坊者也。"朱熹在《四書章句集注》中說:"復,反也。禮者,天理之節文也。"(《論語章句集注·學而第一》"禮之用,和爲貴")

⑥　《禮記·禮器》:"禮,時爲大,順次之,體次之,宜次之,稱次之。"

際,自將無可無不可而爲聖之時也已!"

問:"博約之訓,孔門最重,而説者往往不同。願求歸一之旨。"

子曰:"吾儕有生天地之間,立志做個人品,須要先擴一大胸襟,次張一大眼孔,雖未即經綸天下大經,而經綸規模卻該理會;雖未即立天下大本,而立本著落卻要承當;雖未即知天地之化育,而化育來歷卻當探討。昔顔淵問仁,夫子教以'一日克己復禮而天下歸仁',①子張問十世,夫子教以殷因夏禮,周因殷禮,而百世損益可知;②至己,則自云吾學夏禮、吾學殷禮、吾學周禮,③且嘆曰'周監於二代,郁郁乎文哉! 吾從周'。④又曰爲國以禮,'能以禮讓爲國乎,何有?'⑤若夫《中庸》末後,其謂大哉聖人之道,而歸之禮之三千三百;⑥王天下有三重,而歸之議禮、制度、考文。⑦故古今聖帝明王,綱維一代之乾坤世界,必有禮以綱維之;育養一代之民物生靈,必有禮以育養之;主張一代之教化風俗,⑧必有禮以主張之。此一個禮,即天地之所以爲命,帝王之所以爲心,聖賢之所以爲學。天下治亂攸分,總在禮之立不立,而尤在立之善不善,與善之至不至也。天生夫子,爲萬世開太平,只有《學》《庸》二書,其二書只重仁、禮二端。蓋丈夫有生天地,頭頂腳踏,肩任念存,此身之與乾坤,渾然一體,而謂之曰仁也者人也。欲完

---

① 《論語‧顔淵》:"顔淵問仁。子曰:'克己復禮爲仁。一日克己復禮,天下歸仁焉。爲仁由己,而由人乎哉?'"

② 《論語‧爲政》:"子张问:'十世可知也?'子曰:'殷因於夏禮,所損益可知也。周因於殷禮,所損益可知也。其或繼周者,雖百世可知也。'"

③ 《禮記‧中庸》:"子曰:'吾説夏禮,杞不足徵也。吾學殷禮,有宋存焉。吾學周禮,今用之。吾從周。'"

④ 《論語‧八佾》:"子曰:'周監於二代,郁郁乎文哉! 吾從周。'"

⑤ 《論語‧爲政》:"子曰:'能以禮讓爲國乎,何有? 不能以禮讓爲國,如禮何?'"

⑥ 《中庸》:"大哉聖人之道! 洋洋乎! 發育萬物,峻極於天。優優大哉! 禮儀三百,威儀三千。待其人而後行。"

⑦ 《中庸》:"子曰:'愚而好自用,賤而好自專。生乎今之世,反古之道。如此者災及其身者也。'非天子不議禮,不制度,不考文。今天下,車同軌,書同文,行同倫。雖有其位,苟無其德,不敢作禮樂焉。雖有其德,苟無其位,亦不敢作禮樂焉。"

⑧ "必有禮以育養之;主張一代之教化風俗"句,底本闕,據《一貫編》補。

此仁，須是有禮，欲得此禮到至善去處，則非一己之聰明所可擬議，一己之力量所可強爲。如擬議、強爲，出自一己，則所定之禮，未必能善，縱或有善，亦恐非其至也。故孔門立教，其初便當信好古先，信好古先，即當敏求言行，①誦其詩，讀其書，又尚論其世，②是則於文而學之，學而博之。學也者，心解而躬親，去其不如帝王聖賢，以就其如帝王聖賢，固不徒口説之騰、聞見之資已也。博也者，考古而證今，雖確守一代之典章，尤遍質百王之建置，耳目固洞燭而不遺，心思亦體察而無外也。此之謂博學於文。然豈博而已哉？博也者，將以求其約，約也者，惟以崇其禮而已矣。③禮者，統之則爲三綱，分之則爲五常，而詳之則爲百行。會家國天下，而反之本焉，則在於吾之一身，身則必禮以修之，而綱常百行，動容周旋，必中其節文也。推此本身而聯乎末焉，則通之家國天下，必禮以齊治均平之，而綱常百行，道德一而風俗同也。大丈夫有生天地間，其中心之主持樹立，獨專乎此，而無偏倚，謂之正心；其發念篤切懇到，獨專乎此，而不他適，謂之誠意。此皆孟子所謂射之勇力、樂之玉振，④而非其所先者也。若夫開心明目，則惟千古聖神之言，定爲事物本末始終之格，至善而毫釐更無差失，知止而纖悉不可悖違。是則孟子所謂射之精巧、樂之金聲，而不當或後者也。今觀《大學》一書，自首至尾，總是援引六經格言，而旁加點綴發揮，便是博學於文，而曰致知格物也。其點綴發揮，總是歸宗於内之中正而無偏，外之整飭而不亂，便是約之以禮，而曰誠意、正心、修身、齊家、治國、平天下也。求其一言以蔽之，則

①　《論語·述而》篇載孔子言"述而不作，信而好古"，"我非生而知之者，好古，敏以求之者也"。
②　《孟子·萬章下》："頌其詩，讀其書，不知其人，可乎？是以論其世也。"
③　《論語·雍也》："子曰：'君子博學於文，約之以禮，亦可以弗畔矣夫。'"
④　孟子曰："伯夷，聖之清者也；伊尹，聖之任者也；柳下惠，聖之和者也；孔子，聖之時者也。孔子之謂集大成。集大成也者，金聲而玉振之也。金聲也者，始條理也；玉振之也者，終條理也。始條理者，智之事也；終條理者，聖之事也。智，譬則巧也；聖，譬則力也。由射於百步之外也，其至，爾力也；其中，非爾力也。"（《孟子·萬章下》）

其爲父子兄弟足法，而人自法之；一字以蔽之，則仁而已矣。然夫子言仁，每每先之以知，此其言禮，每每後之於仁。噫！博學於文，約之以禮，亦可以弗畔矣。然則所謂弗畔也者，其弗畔於仁矣夫，其弗畔於仁矣夫！”

或云：“天地人物，共此虛靈。至各人身中所謂心者，不過是虛靈發竅而已。”

子曰：“如此言心，所見猶未親切。蓋心之精神是謂聖，聖者，神明而不測者也。①故善觀天地之所以生化人物，人物之所以通徹天地，總然是此神靈以充周妙用，毫髮也無間，瞬息也不遺，強名之曰心，而人物天地渾淪一體者也。子果於此體見得親切，則言下便自潔净精微。若要語意精潔，須如精神謂聖，又須如神明不測，方是專主靈知而直達心體也。至若靈而謂之虛者，不過是形容其體之浩渺無垠。又靈而謂之竅者，不過是形容其用之感通不窒。實在心之爲心也，原天壤充塞，似虛而實則非虛；神明宥密，似竅而實則無竅。今合虛靈與竅而並言之，則語非潔净，理欠精微，所以知子之見，猶未爲親切也已。”

子曰：“人之恒言，凡事務遇有善處，便多稱良，則良亦只是善，而善亦只是良，無大分別。然經傳中，又多以二字並舉言之，則又似不能無所分別於其間者。即今想像而言，善則博大於良，良則真實於善。要之，善是成熟，得自人爲處多，而良是根源，出自天然處多。”又曰：“良字訓作易直，易也者，其感而遂通之輕妙處也，原不出於思量；

①　《孔叢子·記問第五》：“心之精神是謂聖，推數究理不以疑。周其所察，聖人難諸？”楊簡尤爲重視“心之精神是謂聖”一語，《慈湖遺書》卷二《安止記》：“孔子曰：‘心之精神是謂聖。’人皆有是心，心未嘗不聖，虛明無所不照，如日月之光，無思無爲，而萬物畢照。”強調“心”既有無思無爲、寂然不動的狀態，又有至善至聖的特性。近溪在此借鑒楊簡“心之精神是謂聖”之説，強調“心之精神”之所以是良知本心，原因在於它具有神靈妙用的功效，能够觀天地生化萬物，是人物天地渾然一體的基礎。

直也者,其發而即至之迅速處也,原難與以人力。所以良知謂之不慮,良能謂之不學,卻是慮與學到不得的去處也。試觀今時章縫、胥徒之在列者,①儼恪端莊,非不禮文閑熟,然究②其底裏,可以語良者,則千百而鮮一二也。故忠信之人,始可學禮;粉地之潔,始可繪畫。學者不思希聖希賢則已,若萌此個真志,當以孔子之'仁者人也'、孟子之'形色天性也',③反而求之,我此人也,如何即是仁哉?我此形色也,如何即是天性哉?次則以孔子'率性之謂道''道不可須臾離',④孟子之'良知良能,不慮而自知,不學而自能',⑤又細細體認,道原不曾離我,我今又何曾離道?良知、良能原不待思慮學習,我今縱不會思慮,而知豈非良知?縱不會學習,而能豈非良能哉?久久反躬尋討,事事隨處觀察,冷灰星爆,火現光晶,赤子天性,恍然俱在,於時覺悟別開途徑,而意味另顯家風,孔子所謂道不遠人、孟子所謂形色天性,了然親見面目,而非憶想遥度。由是凡從前聞夫古聖之言論、見夫古聖之行履,備載於五經四書之中者,或相爲感通,而其機愈顯,或互爲對證,而其益無方。如覺己之所知能輕易而失之太過,則以聖賢之成法而裁抑之;如覺己之所知能卑弱而失之不及,則以聖賢之成法而引伸之。務使五倫之綱常、百行之酬應,皆歸純粹之中,而無偏駁之累,則良不徒良而可以言善,善不徒善而可以言至矣。若知能本良

---

① 章縫:是章甫縫掖的簡稱。出自《禮記·儒行》:"丘少居魯,衣縫掖之衣;長居宋,冠章甫之冠。"章甫:商朝時的一種黑色帽子,後用以稱儒者之冠。縫掖:大袖單衣,古代儒者的穿戴。借指儒者或儒家學說。胥徒:本指官府中供役使的小吏及差役,後泛指官府衙役。語本《周禮·天官·序官》:"胥,十有二人,徒,百有二十人。"

② "究",《一貫編》作"窺"。

③ 《孟子·盡心上》:"形色,天性也;惟聖人,然後可以踐形。"孟子認爲,人的身體容貌等外在的美,需要依靠内在的美來充實,只有聖人才能將其内在的美體現在他的形體活動上。

④ 《中庸》:"天命之謂性,率性之謂道,修道之謂教。道也者,不可須臾離也,可離非道也。"顏山農曾明確指出《中庸》爲孔子所作:"兩篇(指《大學》《中庸》)情緒皙張,並出夫子手筆,非曾子、子思所撰。"(載程學顏《衍述〈大學〉〈中庸〉之義》,黄宣民點校《顏鈞集》附錄一,中國社會科學出版社,1996年,第76頁)近溪則繼承師之説法,明確指出《中庸》爲孔子所作,如《近溪子集·禮》:"聖人(孔子)於此也無可奈何,……於是筆此二書(指《大學》《中庸》)……"

⑤ 《孟子·盡心上》:"人之所不學而能者,其良能也;所不慮而知者,其良知也。"

而格則尤善,而學又必求達其極至,猶之昆山粹玉而加以追琢之巧,①
麗水精金而賁以文章之美。②豈不人人共羨奇珍而世世永爲重寶哉!"

　　子因人問《學》《庸》二書,答曰:此二書,卻是"孟子道性善,言必
稱堯舜"二句,足以盡其梗概。蓋先王立教,本是欲人之皆爲聖人。
但不明性善,則無根源;不法先聖,則無規矩。然古先聖人所以足爲
作聖之規矩者,正以其只盡自己之性,只明己性之善,而更無纖毫之
或取諸外也。今且不論其他,只説孔孟及門之士動以千百,豈不個個
志淩物表,而見出人群者?但誨他盡己之性則從,誨他信己性之善以
盡之,則疑矣;誨他學爲堯舜則從,誨他只把孩提之孝弟去學堯舜,則
疑矣。及門之士且然,則其他私淑教言以及後來想望丰采者,又將何
如?聖人於此,也無奈之何,欲以盡言,而信從者寡;欲遂不言,而學
脈永墜,於是筆此二書。其書雖各自爲篇,而通貫只是一意。《中庸》
雖若專言性善,而聖人所以盡性之底蘊具在也。《大學》雖若專言法
聖,而性善所以成聖之脈絡備陳也。今且論天下,中從何來?乃民受
天地之中以生也;庸從何來?乃中等平常之人也。今此中等之人,名
以平常之輩者,又豈不謂各隨己性,而簡易率直也哉?此簡易率直以
爲知,其知不須人思慮,卻是陽明發越,而天命之照耀也。此簡易率
直以爲能,其能不須人學習,卻是陽和充盈,而天命之活潑也。故性
不徒性,而爲"天命之謂性"矣。夫此不慮之知,既爲天知,則舉千萬
人而可以與知;此不學之能,既爲天能,則舉千萬人而可以與能。故
道不徒道,而曰"修道之謂教"矣。夫此道,根諸命,顯諸性,普諸教,
則天與吾人更無一息之可離,而吾人於天又可一息之不畏也哉?但
可惜百姓卻日用而不知,故其庸常知能,原雖孩提皆良,後來無所收

────────────

　　① 昆山:即昆侖山。粹玉:精粹的美玉。昆侖山所產之玉爲"昆玉",相傳這種玉燔以爐炭,
三日三夜,色澤不變,是玉中之最美者。
　　② 麗水:水名,金沙江流入雲南麗水縣境內稱"麗水",亦稱"麗江",水中產金。精金:精煉
的金子。

束，則日逐散誕，加以見物而遷，可好而喜樂輒至過甚，可惡而哀怒輒至過甚，貪嗔橫肆，將由惡終矣。惟是君子顧諟天之明命，性靜時，惺惺然戒慎，性動時，惶惶然恐懼，於潛隱而常若昊天之現前，於微暗而常若上帝之臨照。慎獨既無須臾之或間，則道體自能恒久而不遷，率其簡易之知①以爲知，而日夕安常處順；率其簡易之能以爲能，而隨處有親有功。既無作好，亦無作惡，則性善之中，任其優游造化之內，亦從其出入矣。此則天然自有之定體，而賢聖不二之定守也。然豈惟未發而然哉？有時喜怒哀樂，或因物來而發，其完養保合，亦自有節而和。夫中和合德於君子之身，則命自己立，而教豈不自己行也哉？蓋中也者，天下之大本，原可合千萬人而歸之一人；和也者，天下之達道，原亦可以一人而公之千萬人也。②故君子致其中於天下，而必使人人之皆中；致其和於天下，而必使人人之皆和。要之，惟日用敬順其天常，則物感斯安全於心極。天地之大，自中庸而定位於中；萬物之繁，自中庸而並育於內。蓋不已之命，爲繼善之所從出，而無妄之與，均成性之所同然，自非君子教道之修明，又何以見中庸之純一也哉？夫此道名之曰“中庸”，見天下萬世，惟此是個恒性，惟此是個常德，而定下做聖人的準則，更不容你高著分毫，亦不容你低著分毫，而爲王道之平平、王道之蕩蕩、王道之正直也。初則推本其出於帝天之命，所以表其爲純粹之極，故首嘆之曰：“中庸其至矣乎！”③中間將古今許多聖賢、聖賢許多德業，或從天而體之於己，或從己而契之於天，雖備稱其爲聖神功化之極，而實表顯其爲不慮不學之良。終則復嘆曰：“上天之載，無聲無臭，其至矣乎！”④惟是此個中庸，首尾皆嘆其爲善之至，所以《大學》便將此至善欲人止之，以爲明德親民之規矩格則也。今此細心看來，《大學》一篇相似，只是敷衍《中庸》未盡底意義。

---

① 　底本無“之知”二字，據《一貫編》補。
② 　《中庸》：“中也者，天下之大本也；和也者，天下之達道也。”
③ 　《中庸》：“子曰：‘中庸其至矣乎！民鮮能久矣！’”
④ 　《中庸》最后一句：“‘上天之載，無聲無臭’，至矣！”

如《中庸》説庸德、庸言,①而《大學》則直指孝、弟、慈,爲天生明德也;《中庸》説修道成教,②而《大學》則直指興仁興讓,③爲與民相親也;《中庸》説身心處,或略家國,説家國處,或略身心,而《大學》則直指本末只是一物,終始只是一事,而中間更無縫隙也;④《中庸》説修齊平治,而聖人甚樣神化,《大學》則直指只是"其爲父子兄弟足法,而人自法之"即是神化,⑤而俱在面前,一目可了也。要之,均言人性之善,亦均言人須學聖人,以盡所性之善。《中庸》多推原古今聖人,由平常以造極至,而其言渾融含蓄;《大學》多鋪張古今聖人成德以爲行事,而其言次第詳明。故雖均盡性,而工夫不同;雖均法聖,而規格卻異。今且將《大學》首章正之。夫天命流行,於穆不已,畢竟得日月之光照開朗,方顯化工,在人之日月,則良知也。知爲己子,則自以慈相親;知爲己父,則自以孝相親;知爲己兄,則自以敬相親。天德之明,知之無盡,則人心之親,亦相通無盡。古今聖人之學,所以爲學之大,聖人大學之善,所以爲善之至,吾人欲學其學之大,而可不求其善之至乎?於其善之至,能知止之,斯於其學之大,自爾得之。"定""静""安""慮"四字,是形容知止之"止"字,本來純一,亦是顯現至善之"至"字,極其果確也。蓋天下本末只共一物,未有枝葉而不原於根柢,根柢而不貫乎枝葉者也。天下終始只共一事,未有欲如此結束而不由此肇端者也。於此用功,而先後分曉,則明德以親民,其道可以善,而其善方可以至矣。試觀古之聖人,欲明明德於天下,夫欲明明德於天下,是本末一物而終始一事也。他卻於所先而先之,治國齊家,而及於致知在格物也;於所後而後之,物格知至,而及於天下平也。悉心體認

---

① 《中庸》:"庸德之行,庸言之謹,有所不足,不敢不勉,有餘不敢盡;言顧行,行顧言,君子胡不慥慥爾!"

② 《中庸》:"天命之謂性,率性之謂道,修道之謂教。"

③ 《大學》:"一家仁,一國興仁;一家讓,一國興讓。"

④ 《大學》:"大學之道,在明明德,在親民,在止於至善。知止而後有定,定而後能静,静而後能安,安而後能慮,慮而後能得。物有本末,事有終始,知所先後,則近道矣。"

⑤ 《大學》:"其爲父子兄弟足法,而後民法之也。此謂治國在齊其家。"

作《大學》者，其旨趣要此學學得大，而又要大學之道道得善，善得至。明明德於天下而先之國、家，國、家而先之身、心，原始要終，由天下之本及天下之末，而了天下之大物也。

又曰：本之身心，以通乎天下國家，盡乎天下國家，而管之身心。其說在《大學》，更無詳於"誠意"諸章，卻總是稱述六經賢聖之格言，以定立本舉末之主意。即便是知止而有定，心正則是能静，身修則是能安，齊治平則是能慮而得也。至明言盛德至善，而民不能忘，復詳所以没世不忘，卻是親親賢賢、樂樂利利。至後面將親親賢賢演出許多：上老老而民興孝，上長長而民興弟，上恤孤而民不倍。將樂樂利利演出許多：用人理財，要之上下四旁各得分願，貫天下、國、家本末相共爲一物，終始相共爲一事。學問規模，果然是大。所引章句，一一俱出六經；所指德業，一一俱是帝王賢聖。序以循之，而條理之不紊；會以通之，而體統之可一。學問格則，又果然合於人心之公，極夫天然之善而至也。夫孝是孩提而知愛，弟是孩提而知敬，慈是未學而養子。若非《中庸》推原出於天命之性，標顯率爲平常之道，何以使人人信從，而知爲古今之學之大也哉？經綸天下之大經，立天下之大本，直至知天地之化育。若非《大學》指陳爲千聖之成法、萬世之的訓，何以使人人奮勵，而必精造身心，大學之善之至也哉！嗚呼！吾夫子在世七十餘年，其心只以仁天下萬世爲心，其事只以仁天下萬世爲事，故曰：我學不厭而教不倦。今觀二書，其真切懇到，令人人可以想見興起而不容已矣。

問明德。

子曰："明字，從日從月，天之所以爲天者，以其有日月也。如非日月，則天之功用息矣。人之心則天也，心之知則日月也，故心之在人，自朝至暮，自幼至老，無非此知以爲功用。捨知以言心，是無日月而能成天也，有是理哉？"

曰："天無二日，則人亦明德焉足矣，乃云'明明德'者，何耶？"

曰：“知一也，有自生而言者，天之良知也，所謂‘明德’也；有自學而言者，知己之有良知也，所謂‘明明德’也。又曰：聖人之言，原自一字不容增減，其謂明德則德只是個明，更説有時而昏不得也。”

曰：“明德如是，何必學以明之也？”

曰：“《大學》之謂明明，即《大易》之謂乾乾也。天行自乾，吾乾乾而已；天德本明，吾明明而已矣。故知必知之，不知必知之，是爲此心之常知。而夫子誨子路以知，只是知其知也。若謂由此求之，又有可知之理，則當時已謂是知也，而卻有所未知，恐非夫子確然不易之詞矣。”

曰：“從來見《孟子》説‘性善’，而《中庸》説‘率性謂道’；孟子説‘直養’，①孔子説‘人之生也直’。②蓋謂性必全善，方纔率得，生必通明，方纔直養得。夫既有雜，則善便可率，惡將如何率得？若既有蔽，則明便直得，昏則如何直得？於是疑惑不定，將聖賢之言，作做上智邊事，只去爲善去惡，而性且不敢率；只去存明去昏，而養且不敢直。卒之，愈去而惡與昏愈甚，愈存而善與明愈遠。今何幸得見此心知體，便自頭頭是道，而了了皆通矣。”

曰：“雖然如是，然卻不可遂謂無善惡之雜、無昏明之殊也。只能够得此個知體到手，便憑我爲善去惡，而總謂之率性；儘我存明去昏，而總謂直養無害也已。”

《識仁編》云：③“朱子謂‘明德者，虛靈不昧。’④今若説良知是個靈底，便苦苦地去求他精明，殊不知要他精愈不精，要他明愈不明。

---

①　《孟子·公孫丑上》：“其爲氣也，至大至剛，以直養而無害，則塞於天地之間。其爲氣也，配義與道；無是，餒也。”孟子認爲人天生便具有良知、良能，而“浩然之氣”則是一種激勵人們體認本己之良知良能並付諸實際行動的精神力量。這種“浩然之氣”需要“直養”，即持續用天道、正義進行培養，如此才能促進道德修養的日益完善，體認人本然之善性。

②　《論語·雍也》：“子曰：‘人之生也直，罔之生也幸而免。’”

③　《識仁編》，羅汝芳撰，其門人楊起元編。《四庫全書總目提要》：“名以識仁者，蓋取程子爲學須先識仁之語也。”

④　《大學章句集注》：“明德者，人之所得乎天，而虛靈不昧，以具衆理而應萬事者也。”

若肯一切都且放下，坦坦蕩蕩，更無戚戚之懷，也無憧憧之擾，此卻是能從虛上用功了。世豈有其體既虛而其用不靈者哉？但此要力量大，又要見識高，稍稍不倫，難以驟語。”

　　會中有講“天命之謂性”一章及“顏淵問仁”一章，而請爲和會者。
　　子曰：“天與人原渾然同體，其命之流行，即己性生生處，己性生生，即天命流行處。但一‘顧諟’，①則見得須臾難離，惕然警覺，恐然悚動，而光輝愈加發越，即是火之始燃，而一陽之氣，從地中復也。地中即謂之黃中，中而通者，乾元之光明，知之所始也。②乾知大始處，便名曰‘復’，③復也者，即今子心頓覺開明，所謂‘復以自知’者也。④子心既自知開明，又自見光明愈加發越，則目便分外清明，耳便分外虛通，應對便分外條暢，手足便分外輕快，即名中通而理，所謂‘天視自我視，天聽自我聽’，‘己身代天工，己口代天言也’。⑤頃刻之間，暢達四肢，則視聽言動，無非是禮，喜怒哀樂，罔不中節，天地萬物，果然一日而皆歸吾仁，以位之育之，⑥而其修道立教之機，亦只反

　　① 《尚書·太甲上》：“先王顧諟天之明命，以承上下神祇。”
　　② 《周易·坤·文言傳》：“君子黃中通理，正位居體，美在其中，而暢於四肢，發於事業，美之至也。”黃中：坤地色黃，六五居中，故曰黃中，以黃爲正中之色，或中央之色。後將君子之美質比作中正之黃色，以“內德”“中德”釋“黃中”。《周易·復·大象傳》：“雷在地中，復；先王以至日閉關，商旅不行，后不省方。”近溪認爲，“地中”即“黃中”。
　　③ 《周易·繫辭傳上》：“乾知太始，坤作成物；乾以易知，坤以簡能。”在《一貫編·易》中，近溪曰：“六十四卦統總三百八十四爻，其爻皆是虛位。故謂之曰六虛，惟大明之終而始也，斯六位時成矣。明謂之知，大明之所始，謂之‘復以自知’也。復之一爻，次第三百八十四爻，而卦氣周，即冬至一日，次第成三百六十日，而歲功成。”
　　④ “復以自知”見於《周易·繫辭傳下》。《周易·復·象傳》曰：“七日來復，天行也。復見其天地之心乎。”近溪認爲，此“心”是天心，即宇宙之心。《一貫編·易》：“天地無心，以生物爲心。”此宇宙之心（天心）以“生”爲根本功能，萬物的生生之機皆是此心的表現。“復以自知”即是天地生物之心的靈妙顯發，其通過復卦之健動運化、周而復始而畢露。
　　⑤ 《尚书·皋陶謨》：“無曠庶官，天工人其代之。”邵雍《觀物內篇》：“聖也者，人之至者也。……謂其能以一心觀萬心，一身觀萬身，一世觀萬世者焉。又謂其能以心代天意，口代天言，手代天工，身代天事者焉。”
　　⑥ “位”，底本作“仁”，其小注又曰“一作化字”，皆非，據《一貫編》改。《中庸》原文作“致中和，天地位焉，萬物育焉”。

觀一己身中，更不俟他求而有餘裕也。故先儒有解'克己復禮'，作'能自復禮'，①'非禮勿視聽言動'，作'只此禮以視聽言動'，②更覺順快也已。"

問：“陽明先生所指'良知'在人心從何所發？"

子曰：“良知無從而發，有所發則非良知也。"

“然則何歸？"

曰：“在天爲天，在地爲地，在人爲人，無歸無所不歸也。"

“然則有動静之時否？"

曰：“亦無動静。"

曰：“若無動静，則起居食息都無分別乎？"

曰：“起居食息不過是人之事。既曰'在人而人'，則人已渾然是個良知，其事之應用又可得而分別耶？"

曰：“良知完具於人，又有見與昧，何也？"

曰：“見是覺處。知常而覺暫，覺之見於知，猶泡之見於水也。泡莫非水，而見則有時。《中庸》'見乎隱'是言覺，'顯乎微'是言知。③孟

---

① 關於“克己復禮"的含義，歷來受到學者的爭論。宋代朱熹沿襲漢注，訓“克"爲“勝"，“克己"的真正含義就是克制、戰勝自己的私欲。在《論語章句集注》中，朱熹説：“仁者，本心之全德。克，勝也。己，謂身之私欲也。復，反也。禮者，天理之節文也。"楊簡則認爲“克"當訓爲“能"，“克己復禮"即“能己復禮"之義。他説：“'克'有二訓，能也，勝也。左氏謂楚靈王不能自克，繼之以孔子'克己復禮'之言爲證，是謂'克'爲勝，而未必孔子本旨果爾也。顏子粹然之質，加以屢空之學，雖未能至於無過，過亦微矣，何俟於克而勝之也？《詩》《書》所載，多以'克'爲能，況此孔子又繼曰'爲仁由己'，殊無克勝其己之意，且一'己'字無二義也。"（《慈湖遺書》卷十一《論論語》下）楊簡認爲將“克"解作“克去"，將“己"解作“己私"不符合孔子原意。所謂“克己復禮"即“能自復禮"。近溪也持相同論點。

② 孔子答顏淵問“克己復禮之目"（《論語·顏淵》），孔子曰：“非禮勿視，非禮勿聽，非禮勿言，非禮勿動。"近溪認爲，此四個“非禮"，並非是“克己"的工夫，而是強調“復"的工夫的玄妙；所謂“非禮勿視、聽、言、動"，並非著重於反對不合於禮的行爲，而是通過“非禮"以見“復禮"，強調“視、聽、言、動皆以禮"，故曰“能以身復乎禮"。《一貫編·論語下》曰：“此即'非禮'以見'復禮'，即如知之以'不欲勿施'而見'所欲與施'也。皆反言以見正意。"近溪認爲非禮勿視聽言動皆是從反方面來說明顏回視聽言動皆合乎禮，故“只此禮以視聽言動"更覺順快。

③ 《禮記·中庸》：“莫見乎隱，莫顯乎微，故君子慎其獨也。"

子亦云'先覺後覺''先知後知'也。"①

問："白沙陳先生云'須静中養出端倪',②又云'此心虚朗,炯然在中',炯然者可即是端倪否?"

子曰："是也。"

曰："吾用功許久,而炯然端倪尚未有見,何也?"

子曰："此個工夫亦是現在,且從粗淺處指與君看。"

子乃遍呼在坐曰："汝等此時去家各遠,試反觀其門户、人物、器用,各炯然在心否?"

衆曰："炯然在心。"

良久,忽報有客將臨。

子復遍呼在坐曰："汝等此時皆覺得有客來否?"

衆曰："皆覺得。"

子曰："亦待反觀否?"

衆曰："未嘗反觀,卻自覺得。"

子乃回顧初問者曰："此兩個炯然,各有不同,其不待反觀者乃本體自生,所謂知也;其待反觀者乃工夫所生,所謂覺也。今須以兩個合成一個,便是以先知覺後知,而知乃常知矣;便是以先覺覺後覺,而覺乃常覺矣。常知、常覺是爲聖人,而天下萬世皆在其炯然中矣。"

問："《會語》中謂'不慮不學,可同聖人',今我輩此體已失,恐須學慮。"

子曰："子若只學且慮,則聖終不可望矣。"

曰："何以解之?"

良久,謂曰："子聞予言,乃遽生疑耶?"

曰："然。"

---

① 《孟子·萬章上》："天之生此民也,使先知覺後知,使先覺覺後覺也。"
② "白沙"指明初心學代表人物陳獻章(1428—1500),號白沙子。他曾説"爲學須從静中坐養出個端倪來,方有商量處"(《白沙先生至言》卷二)。

曰:"此果吾子欲使之疑耶?"

曰:"非欲之,但不能不疑也。"

子嘆曰:"是即爲不學而能矣。"

其友亦欣然曰:"誠然。"

子復呼之曰:"吾子心中,此時覺炯炯否?"

曰:"甚是炯炯。"

曰:"即欲不炯炯,得乎?"

曰:"自不容已。"

子曰:"是非不慮而知也耶?"

問:"不慮而知,此只可在孩提時說,既長,則自有許多事物,如何容得不慮?"

子曰:"不慮而知是學問宗旨,要看得活,若說是人全不思慮,豈是道理?聖人見得世上人知處大散漫,而慮處大紛擾,故其知愈不精通、愈不停當,所以指示源頭,說知本是天不必雜以人爲,知不待慮,不必起以思索。此則不惟從前散漫紛擾之病可以盡消,而天聰天明之用亦將旁燭而無疆矣。細推其立教之意,不是禁人之慮,卻正是發人之慮也。"

子曰:"吾心良知妙用圓通,其體亦是潔净,如空谷聲,然一呼即應,一應即止,前無自來,後無從去,徹古徹今,無晝無夜,更無一毫不了處。但因汝我不識本真,自生疑畏,卻去見解以釋其疑,而其疑愈不可釋;支持以消其畏,而其畏愈覺難消。故功夫用得日勤,知體去得日遠。今日須是斬釘截鐵,更不容情。汝我言下一句即是一句,赤條條、光裸裸,直是空谷應聲,更無沾滯,豈非人生一大快事耶?"

子曰:"人生天地間,原是一團靈氣,萬感萬應而莫究根源,渾渾淪淪而初無名色,只一'心'字,亦是强立。後人不省,緣此起個念頭,就會生做見識,因識露個光景,便謂吾心實有如是本體,實有如是朗照,實有如是澄湛,實有如是自在寬舒。不知此段光景原從妄起,必隨妄滅。及來應事接物，還是用著天然靈妙渾淪的心，此心儘在爲他作主幹事，他卻嫌其不見光景形色，回頭只去想念前段心體，甚至欲把捉終身，以爲純一不已，望顯發靈通，以爲宇太天光，用力愈勞而違心愈遠矣。"

子曰："此心之體，極是微妙輕清，纖塵也容不得。世人苦不解事，卻使著許多粗重手腳，要去把捉搜尋。譬之一泓定水，本可鑒天徹地，纔一動手便波起明昏。世人惟怪水體難澄，而不知是自家亂去動手也。"

子曰："無方體則自然無窮盡，無窮盡則纔是無方體也。故此段家風，更無容你著口著腳處。"

子曰："不能以天理之自然者爲復，而獨於心識之炯然處求之，則天以人勝，真以妄奪。君試反而思之，豈嘗有胸中炯然，能終日而不忘耶？事爲持守，能終日而不散耶？即能終日，及夜則又睡著矣。請君但渾身放下，視聽言動，都且信任天機，自然而然，從前所喜胸次之炯炯、事務之循循，一切不做要緊，有也不覺其益，無也不覺其損，久則天自爲主，人自聽命，所謂'不識不知，順帝之則'矣。"①

問："吾儕日來請教，或言觀心，或言行己，或言博學，或言主静，先生皆未見許，然則誰人方可以言道耶？"

子曰："此捧茶童子卻是道也。"

衆皆默然。有頃，一友率爾言曰："終不然此小童子也能戒謹恐懼耶？"

子不暇答，但徐徐云："茶房到此，有幾層廳事？"

衆曰："有三兩層。"

子嘆曰："好造化！過許多門限階級，幸未失足打破了甌子。"

---

① 《詩經・大雅・皇矣》："帝謂文王，予懷明德，不大聲以色，不長夏以革。不識不知，順帝之則。"

其友方略省悟,曰:"小童於此果也似解戒懼,但奈何他日用不知?"

子又難之曰:"他若是不知,如何會捧茶? 又會戒懼?"

其友語塞。子徐爲之解曰:"汝輩只曉得説知,而不曉得知有兩樣。故童子日用捧茶是一個知,此則不慮而知,其知屬之天也。覺得是知能捧茶又是一個知,此則以慮而知,而其知屬之人也。天之知只是順而出之,所謂順則成人成物也。人之知卻是反而求之,所謂逆則成聖成神也。故曰:以先知覺後知,以先覺覺後覺。人能以覺悟之竅而妙合不慮之良,使渾然爲一而純然無間,方是睿以通微,又曰神明不測也。噫,亦難矣哉! 亦罕矣哉!"

會中一友用工,每坐便閉目觀心。子問之曰:"君今相對,見得心中何如?"

曰:"炯炯然也。但恐不能保守,奈何?"

曰:"且莫論保守,只恐未是耳。"

曰:"此處更無虛假。"

曰:"可知炯炯有落處。"

其友頗不豫。

久之,稍及他事,隨歌詩一首。

乃徐徐謂曰:"乃適來酬酢,自我觀之,盡是明覺不爽,何必以炯炯在心爲乎? 況聖人之學本諸赤子,又徵諸庶民。若坐下心中炯炯,卻赤子原未帶來,而與大眾亦不一般也。蓋渾非天性而出自人爲。今日天人之分,便是將來神鬼之關。能以天明爲明,則言動條暢,意氣舒展,不爲神明者無幾。若只沉滯胸襟,留戀景光,幽陰既久,不爲鬼者亦無幾。噫! 豈知此一念炯炯,翻爲鬼種,其中藏乃鬼窟也耶?"

子因一友謂"'吾儕今日只合時時照管本心,事事歸依本性'者,反復訂之而未解"。時一二童子捧茶方至。子指而嘆之曰:"君視此時與捧茶童子,何如?"

曰:"信得更無兩樣。"

頃之,子復問曰:"不知君此時何所用功?"

曰:"此時覺心中光光晶晶,無有滲漏。"

子曰:"君前云與捧茶童子一般,説得儘是。至曰心中覺光光晶晶,無有滲漏,説得又自己翻帳也。"

此友沉思,久之,遽然起曰:"我看來並未翻帳,先生何爲此言?"

子曰:"童子現在,請君問他心中有此光景否? 若無此光景,則分明與他兩樣矣。"

曰:"此果似兩樣,不知先生心中工夫,卻是何如?"

子曰:"我底心,也無個中,也無個外;所用工夫,也不在心中,也不在心外。只説童子獻茶來時,隨衆起而受之,已而從容啜畢,童子來接茶甌時,又隨衆付①而與之。君必以心相求,則此無非是心;以工夫相求,則此無非是②工夫;若以聖賢格言相求,則此亦可説'動静不失其時,而其道光明也'。"③

其友乃怳然有省。

子曰:"此心在人,原是天地神理,寂之與感,渾涵具在,言且難以著句,況能指陳而分析之也耶? 但其妙用則每因人互異。故即心而言,其初只是一樣;若即人而論,則世固有知爲學與不知爲學之分。人之爲學,又有善用功與不善用功之別。其不知爲學者,姑置勿論。即雖知爲學者,而工夫草次,則亦往往不向本原求個清瑩,輒於末流圖之,或當無事之時而著意張主,或於有感之際而盡力祛除。然見未透徹,把捉愈難。不惟寂體背馳,即感應未能安妥也已。惟夫明睿過

---

① "付",底本無,據《一貫編》補。

② "是",底本無,據《一貫編》補。

③ 《周易·艮·象傳》:"艮,止也。時止則止,時行則行,動静不失其時,其道光明。"

人、資近上智者，則工夫不肯浪用，而汲汲以知性爲先，究悉明①言，詢求哲匠，體察沉潛，而性命之蘊，能默識心通，便自朝至暮，縱應感紛紜，卻直養之功蕩平自在，靜定之妙寂照圓通。世人則終身滯泥於應感之偏，而至人則無日無時而不從容於不動之中矣。"

曰："今世亦有堅忍強學者，雖心體未透，然工夫深入，亦能於事變不動，難説其終不能寂也。"

曰："此心至靈，何所②不有？若果強而求之，豈惟事變不動？禪家二乘者流，其坐入靜定，有千百餘歲而一念不起者。然自明眼觀之，終是凡夫，與此心真體毫無干涉也。可不慎哉？"

問："《大學》之首'知止'，③《中庸》之重'知天''知人'，④而《論語》卻言'吾有知乎哉，無知也'。⑤博觀經書，言知處甚多，而'不識不知'，⑥惟《詩》則一言之，然未有若夫子直言無知之明決如此者。請問其旨。"

子曰："吾人之學，專在盡心，而心之爲心，專在明覺。如今日會堂，什伯其衆，誰不曉得相見，曉得坐立，曉得問答，曉得思量。此個明覺曉得，即是本心，此個本心，亦只是明覺曉得而已。事物無大小之分，時候無久暫之間，真是徹天徹地，而貫古貫今也。但人之明覺曉得，其體之涵諸心也，最爲精妙；其用之應於感也，又極神靈。事之

---

① "明"，《一貫編》《明道録》作"名"。

② "所"，底本作"有"，但其下小注又曰"一本作'所'字"，《明道録》《一貫編》作"所"，從改，"何所不有"爲順。

③ 《大學》首章"大學之道，在明明德，在親民，在止於至善。知止而後有定，定而後能靜，靜而後能安，安而後能慮，慮而後能得。物有本末，事有終始，知所先後，則近道矣。"

④ 《中庸》："故君子不可以不修身；思修身，不可以不事親；思事親，不可以不知人；思知人，不可以不知天。"

⑤ 《論語·子罕》："子曰：'吾有知乎哉？無知也。有鄙夫問於我，空空如也。我叩其兩端而竭焉。'"

⑥ 《詩經·大雅·皇矣》："帝謂文王，予懷明德，不大聲以色，不長夏以革。不識不知，順帝之則。"

既至，則顯諸仁，而昭然若常自知矣；事之未來，則藏諸用，而茫然渾然，知若全無矣。非知之果無也，心境暫寂，而覺照無自而起也。譬之身之五官，口可閉而不言，目可閉而不視，惟鼻孔無閉，香來即知嗅之，其知實常在也；耳孔無閉，聲來即知聽之，其知亦常在也。然嗅之知也，必須香來始出，時或無香，便無嗅之知矣；聽之知也，必須聲來始出，時或無聲，便無聽之知矣。孔子當鄙夫之未問，卻如音未臨乎耳、香未接夫鼻，安得不謂其空空而無知耶？及鄙夫既問，則其事其物，兩端具在，亦即如音之遠近，從耳聽以區分；香之美惡，從鼻嗅以辨別。鄙夫之兩端，不亦從吾心之所知，以扣且竭之也哉？但學者須曉得聖人此論，原不爲鄙夫之問，而只爲明此心之體。蓋吾心之能知，人人皆認得，亦人人皆說得，至心體之無知，則人人皆認不得，人人皆說不得。天下古今之人，只緣此處認不真，便心之知也常無主宰，而雜擾以至喪真；只緣此處說不出，便言之立也多無根據，而支離以至畔道。若上智之資，深造之力，一聞此語，則當下知體即自澄澈，物感亦自融通，所謂無知而無不知，而天下之真知在我矣。噫！聖人於此，寧非苦心之極也哉？”

問：“喜怒哀樂未發，是何等時候，亦是何等氣象？”

子曰：“此是先儒看道太深，把聖言憶想過奇，便說有何氣象可觀也。蓋此書原喚做《中庸》，只平平常常解釋，便自妥當，且更明快。蓋‘維天之命，於穆不已’，[①]命不已則性不已，性不已則率之爲道亦不已，而無須臾之或離也。此個性道體段原常是渾渾淪淪而中，亦常是順順暢暢而和。我今與汝終日語默動靜、出入起居，雖是人意周旋，莫非天機活潑也。即於今日直至老死，更無二樣，所謂人性皆善，愚夫愚婦可與知與能者也。而中間只恐怕喜怒哀樂或至拂性違和，若時時畏天奉命，不過其節，即喜怒哀樂總是一團和氣，天地無不感通，

---

① 《詩經·周頌·維天之命》：“維天之命，於穆不已。於乎不顯，文王之德之純。”

民物無不歸順,相安相養,而太和在我大明宇宙間矣。此只是人情,纔到極平易處,而不覺功化,卻到極神聖處也。噫! 人亦何苦而不把中庸釋《中庸》,又亦何苦而不把中庸服行《中庸》也哉?"

問:"'先王以至日閉關,商旅不行,后不省方',①其意何如?"

子曰:"此聖人學問喫緊第一義也,切不可淺近而窺,輕易而說。常見學者每謂陽初生而微,豈未聞虞廷所謂'道心惟微'矣乎?② 蓋心不微則不得謂之道,而幾不微亦不得謂之陽也。故曰'純粹以精',③又曰'潔净精微',④又曰'誠、神、幾曰聖人也'。⑤故商旅之行,欲有所得者也;后之省方,欲有所見者也。今果會得此心渾然是一太極,充天塞地更無一毫聲臭,徹表極裏亦無一毫景象,則欲得之心泯而外無所入,欲見之心息而内無所出。如此,則其體自然純粹以精,其功自然潔净而微,其人亦自然誠神而幾,以優入聖域,而莫可測識也已。"

問:"《易》首乾坤,而乾坤必先易簡?"

子曰:"'乾以易知,坤以簡能',今謂易簡爲乾坤所先,果是有見。但細細看來,學問固有先後,而其中尤有根原,論此二句,則知能又有根原也。蓋言易則必有難,言簡則必有煩。今世學者,每耽静趣,而事爲多至脱略,未必非此誤之。殊不思,本經云'德行恒易以知險,恒簡以知阻',險阻則煩難未嘗可略也;又云'易簡而天下之理得',⑥理以天下,則亦未嘗脱略乎煩難也。惟是知能則首尾俱皆徹透,易而可

---

① 《周易·復·象》:"雷在地中,復;先王以至日閉關,商旅不行,后不省方。"

② 《尚書·大禹謨》:"人心惟危,道心惟微,惟精惟一,允執厥中。"

③ 《周易·乾》:"大哉乾乎! 剛健中正,純粹精也。"

④ 《禮記·經解》:"絜静精微,《易》教也。""静"後世也引作"净","絜"通"潔"。

⑤ 周敦頤《通書·聖第四》曰:"寂然不動者,誠也;感而遂通者,神也;動而未形,有無之間者,幾也。……誠精故明,神應故妙,幾微故幽。……誠、神、幾,曰聖人。"

⑥ 《周易·繫辭傳上》:"乾以易知,坤以簡能;易則易知,簡則易從;易知則有親,易從則有功;有親則可久,有功則可大;可久則賢人之德,可大則賢人之業。易簡而天下之理得矣。天下之理得,而成位乎其中矣。"

該難,簡而可該煩,所謂一以貫之,而爲聖學之全者也。雖然,此'知能'二字,本是《易經》精髓,然晦昧不顯,將千百年於玆矣。古今惟是孔孟兩人,默默打得個照面,如曰'不慮而知',其知何等易也,然赤子孩提孰知之哉? 天則知之耳;'不學而能',其能何等簡也,然赤子孩提孰能之哉? 天則能之耳。①想當時孟子只是從赤子孩提此處覷破,便洪纖高下、動植飛潛,自一人以及萬人,自一物以及萬物,自一處以及萬方,自一息以及萬載,皆是一樣知能,皆是一樣不學不慮,豈不皆是一個造化知能之所神明而不測也哉! 故曰:'盡其心者,知其性也,知其性則知天矣'。今世學者,於赤子之良知良能,已久廢置不講,於孟子性善一言,則咸疑貳不信,又安望其潛通默識而上達乎乾坤之知能也哉? 有志者,盍圖之!"

問:"乾坤知能,世人果是久不講明,今欲講明,敢請指個入處。"

子曰:"天之與人,其體原是一個,則所知所能,亦原是一般。今且於人之知能講明,便造化之知能不愁無入處也。奈今之人於人之知能,見之者亦罕矣。蓋知能似有兩樣,若粗淺分別,則知能有至大至久者,今則忘其大而求之小,棄其久而索之暫矣,何言乎大也。自中國以及四夷,自朝市以及里巷,無人不有此良知良能,何其大也! 自晨興以至夕寐,從孩提直至老耄,無時不用此良知良能,何其久也! 此個知能,平鋪遍在聖凡,洋溢充乎宇宙。性之原是天命,率之便是聖功,爭奈他知則自然而知,不假些子思想,能即自然而能,不費些子學習。有知之實,無知之名,有能之用,無能之迹,究竟固云久大,當下卻似枯淡。後世學者把捉不著,遂從新去學問,以開明其心,從新去效法,以强力於己。此其工夫,比之不慮不學之初,更有許多意趣,許大執持,確信以爲入聖途徑,授受傳至於今。訓詁蔓延充棟,詎知

① 《孟子·盡心上》:"孟子曰:'人之所不學而能者,其良能也;所不慮而知者,其良知也。孩提之童,無不知愛其親者;及其長也,無不知敬其兄也。親親,仁也;敬長,義也。無他,達之天下也。'"

四書五經之知能，不是今日之集說講套也！”

或以爲今之所謂“知”“能”果是纖細，而不可語大，間斷而難以語久，但未知到得純熟之時亦可以成道入聖否？

子曰：“世間各色伎倆，熟極皆可語聖，況以道而爲聖乎！第孟子於此處極是判斷分明，故曰：‘聖人之於天道也，命也。’①可見聖人萬千不同，天道則難得吻合。所以‘浩然’一章，歷敘今古賢聖，而願學只是孔子一人。②至表揚孔子，則又只是‘聖之時也’一句，③即《中庸》‘溥博淵泉而時出之’，以窺測底裏，即曰‘溥博如天，淵泉如淵’，又曰‘淵淵其淵，浩浩其天，則聖人之言行動作，其時之足以世爲天下法，則去處已是人所共見聞、共信從而昭彰莫掩。若其時之所由來，究竟中藏處如許之大之深，卻不去講求探索，是何境界，是何端倪，能使造化常出此時，以妙應無方，能使聖人常率此時，以泛應曲當。故世人止滯知能之迹，而不知求知能之蘊。今欲見得其蘊無他，說他無知，卻明白曉了，而毫髮不差；說他無能，卻活潑周旋，而纖微悉舉；說他有知，卻原非思慮，雖分曉而實沕穆；說他有能，卻原非黽勉，雖活潑而實渾淪。似有而不容以有執，似無而不可以無忘。將謂幾屬於人，而人力殆難至是；將謂幾屬於天，而天心渺不可窮。果是這個知能，言思路絕而難於形狀者。然獨喜周公之頌文德，而曰：‘不識不知，順帝之則。’④夫窮索以爲知，分別以爲識，皆吾人之作而致其聰明者也。今曰‘不識不知’，則森列目中者，可以一時而俱泯，帝固尊高難見，則實日監在兹，皆吾人之忽而委諸茫蕩者也。今

---

①　《孟子·盡心下》：“仁之於父子也，義之於君臣也，禮之於賓主也，知之於賢者也，聖人之於天道也，命也。有性焉，君子不謂命也。”

②　《孟子·公孫丑上》：“我知言，我善養吾浩然之氣”“乃所願，則學孔子也”。

③　《孟子·萬章下》：“伯夷，聖之清者也；伊尹，聖之任者也；柳下惠，聖之和者也；孔子，聖之時者也。”

④　《詩經·大雅·皇矣》：“帝謂文王，予懷明德，不大聲以色，不長夏以革。不識不知，順帝之則。”

曰'順帝之則'，則知能之深遠者，亦隨處而畢露。夫塵念既息，則神理自彰；天德出寧，則造作俱廢，其機固每相乘除也已。況吾夫子自言'吾有知乎哉？無知也。有鄙夫問於我，空空如也'，孟子自言'我善養吾浩然之氣'，'至大至剛''塞乎天地之間'，此與周公之言文德者，信乎其爲先後一揆而有志於聖神造化之蘊者，其尚於是而竭才究心可也。"

問："此心每日覺有二念，善念多爲雜念所勝。又見人不如意，長生忿嫉，從容尚可調停，倉卒必至暴發，事已又生悔恨者。"

子曰："心是活物，應感無定而出入無常，即聖賢未至純一處，其念頭亦不免互動。《定性書》云'惟怒爲難制'，①則人情大抵然也。譬之天下路逕不免石塊高低，天下河道不免灘瀨縱橫。惟善推車者，其轅輪迅發，則塊磊不能爲礙；善操舟者，篙槳方便，則灘瀨不能爲阻也。況所云念頭之雜、忿怒之形，亦皆是說前日後日事也。孔子謂不追既往，②不逆將來。③工夫緊要，只論目前。今且說此時相對，中心念頭果是何如？"

曰："若論此一時，則此已恭敬安和，只在專心聽教，一念雜念也自不生。"

曰："吾子既已見得此時心體有如此好處，卻果信得透徹否？"

大衆忻然起曰："據此時心體，的確可以爲聖爲賢而甚無難事也。"

曰："諸君目前各各奮躍，此正是車輪轉處，亦是槳勢快處，更愁

①　程顥《定性書》："夫人之情，易發而難制者，惟怒爲甚。"
②　《論語·八佾》："哀公問社於宰我。宰我對曰：'夏后氏以松，殷人以柏，周人以栗，曰使民戰栗。'子聞之曰：'成事不說，遂事不諫，既往不咎。'"
③　《論語·述而》："互鄉難與言，童子見，門人惑。子曰：'與其進也，不與其退也，唯何甚？人潔己以進，與其潔也，不保其往也。'""不保其往"，鄭玄曰"往，猶去也，人虛己自潔而來，當與之進，亦何能保其去後之行"（《論語注疏》卷七）

有甚麼崎嶇可以阻得你？有甚灘瀨可以滯得你？況‘民之秉彝，好是懿德’，①則此個輪極是易轉，此個樂極爲易操，而王道蕩平，終身由之而何有於崎嶇灘瀨也？故《易經》自‘黃中通理’便到‘暢四肢’‘發事業’，②孟子自‘可欲之善’便到‘大而化’‘聖而神’。③今古一路學脈真是簡易直截，真是快活方便，奈何天下推車者日數千百人，未聞以崎嶇而迴轍，行舟者亦數千百人，未聞以灘瀨而倚橈。而人之學聖賢者，則車未曾推、舟未曾發而預愁崎嶇之阻、灘瀨之艱，此豈途路之阨吾人哉？亦果吾人之自扼也哉？誠不可不自省也。”

問：“別後功夫常④苦間斷，奈何？”

子曰：“工夫得不間斷方是聖體。若稍覺有間，縱是平日說有工夫，亦還在凡夫境界上展轉，都算帳不得。故學者欲知聖凡之分，只在自考工夫間斷不間斷耳。”

曰：“工夫不能超凡入聖，恐多是不熟所致？”

曰：“凡境與聖體相去如天淵之隔，相異猶水火之反。凡境工夫縱熟亦終是凡，如水縱熱亦只是水，不可謂水熱極便成火也。”

問：“平日在慎獨上用工頗爲專篤，然雜念紛擾，終難止息，如何乃可？”

子曰：“學問之功，必須辨別源頭分曉，方有次第。且言如何

───────────

① 《詩經·大雅·烝民》：“天生烝民，有物有則。民之秉彝，好是懿德。”

② 《周易·坤·文言傳》：“君子黃中通理，正位居體，美在其中，而暢於四支，發於事業，美之至也。”黃中，猶言內心美好。正位，猶言忠於本分。居體，體借爲禮，猶言守禮。內在修養通暢則外在事業自然能發達，達到內外合一、天人合一的至美境界。

③ 《孟子》：“可欲之謂善，有諸己之謂信，充實之謂美，充實而有光輝之謂大，大而化之之謂聖，聖而不可知之之謂神。”可欲的內容即“惻隱、羞惡、辭讓、是非”四端，它所表徵的即“仁義禮智”四德。這構成了人性的內容，並揭示了人性之善所具有的先天內容及其實在性的意義。所謂“充實”，指的是個體通過自覺的努力，把其固有的善良之本性“擴而充之”，使之貫注滿盈於人體之中。經過主體自覺的擴充發展，人便自然而然能夠達到“神”的最高境界。

④ “常”，底本作“嘗”，據《一貫編》改。

爲獨？”

曰：“獨者，吾心獨知之地也。”

“又如何爲慎獨？”

曰：“吾心念慮紛擾，或有時而明，或有時而昏，或有時而定，或有時而亂，須詳察而嚴治之則慎也。”

曰：“即子之言，則慎雜非慎獨也。蓋獨以自知者，心之體也，一而弗二者也。雜其所知者，心之照也，二而弗一者也。君子於此，因其悟得心體在我，至隱至微，莫見莫顯，精神歸一，無須臾之散離，故謂之慎獨也。”

曰：“所謂慎獨者，蓋如治其昏而後獨可得而明也，治其亂而後獨可得而定也。若非慎其雜又安能慎其獨也耶？”

曰：“明之可昏，定之可亂，皆二而非一也。獨知也者，吾心之良知，天之明命而於穆不已也。[1]明固知明，而昏亦知昏，昏明二而其知則一也。定固知定，而亂亦知亂，定亂二而其知則一也。古今聖賢惓惓切切，只爲這些子費卻精神，珍之重之，存之養之，爲天地立心，爲生民立命，總在此一處致慎也。”

曰：“然則雜念俱置之不問耶？”

曰：“隸胥之在於官府，兵卒之在乎營伍，雜念之類也。憲使升堂而隸胥自肅，將帥登壇而兵卒自嚴，則慎獨之與雜念之謂也。今不思自作憲使將帥，而惟隸胥兵卒之求焉，不亦悖且難也哉？”

子曰：“獨之靈體，通徹於帝天；獨之妙用，昭察於率土。《中庸》指其爲‘見、顯’，[2]則慎之所自起。《大學》嚴之於‘好、惡’，[3]則慎之

---

[1]　《尚書·商書·太甲》：伊尹曰：“先王顧諟天之明命，以承上下神祇。”《詩經·周頌·維天之命》：“維天之命，於穆不已。於乎不顯，文王之德之純。”

[2]　《中庸》：“天命之謂性，率性之謂道，修道之謂教。道也者，不可須臾離也，可離非道也。是故君子戒慎乎其所不睹，恐懼乎其所不聞。莫見乎隱，莫顯乎微。故君子慎其獨也。”

[3]　《大學》：“所謂誠其意者，毋自欺也，如惡惡臭，如好好色，此之謂自謙，故君子必慎其獨也！”

所由施。"

子曰："夷、惠、冉、閔①諸公總未跳出善人窠臼。今要跳出,則須先過信人一關。蓋善即聖堂,廣大無邊,貫通不隔,萬物皆備,千載同然,中間卻有一個門限,所謂'信有諸己'也。只到此關,則人人生疑,信者萬無一二,既信關難過,則美大聖神、深宮密室,又安能窺其邃奧、享其榮盛哉?"

問："孔子臨終逍遙,竊想其氣象,不惟先能知得時節,而其歸止去向,似極大安樂。不識可聞其概否?"

子曰："諸君遽忘所謂本來面目也耶? 夫形體雖顯而其質凝滯,本心雖隱而其用圓通。故小人長戚戚者,務活其形者也;君子坦蕩蕩者,務活其心者也。②形當活時,尚苦滯礙,況其僵仆而死也耶! 心在軀殼,尚能圓通,況離形超脫,則乘化御天,周流六虛,無俟推測。即是此時對面,而其理固明白現前也已!"

有問："平生極喜談玄,一聞人可長生,真是踴躍不勝。但往往求師指示,皆欲我將形氣修煉,其工夫又覺甚苦。今聞本來面目之說,

----

① 夷、惠:伯夷和柳下惠。伯夷,子姓,墨胎氏,名允,商末孤竹國君的兒子。他和弟弟叔齊,在周武王滅商以後,不願喫周朝的糧食,一同餓死在首陽山(現山西省永濟市南)。後人極力頌揚他們仁德義行、清風高潔的崇高品格。孔子稱讚伯夷:"不降其志,不辱其身"(《論語·微子》),是"古之賢人也"(《論語·述而》)。柳下惠,姬姓,展氏,名獲,字禽,謐號惠,故稱柳下惠。魯僖公時大夫。任士師時,曾被三次撤職而不離魯國,認爲"直道而事人,焉往而不三黜?"(《論語·微子》)被孔子稱爲賢人:"臧文仲其竊位者與! 知柳下惠之賢而不與立也。"(《論語·衛靈公》)。孟子稱"伯夷,聖之清者也","柳下惠,聖之和者也"(《孟子·萬章上》)。冉、閔:即冉有和閔子騫。冉有,名求,字子有。魯國人,孔門七十二賢之一,以政事著稱。孔子一再稱讚"求也藝"(《論語·雍也》),"千室之邑,百乘之家,可使爲之宰也"(《論語·公冶長》),對其政治管理能力頗爲肯定。《孔子家語·七十二弟子解》中說他爲人本分,性情溫和,謙遜多禮,"進則理其官職,退則受教聖師"。閔子騫,名損,字子騫,春秋末期魯國人,孔子高徒,在孔門中以德行與顔回並稱,爲七十二賢人之一。他爲人所稱道,主要是他的孝,作爲二十四孝子之一,孔子稱讚說:"孝哉,閔子騫! 人不間於其父母昆弟之言。"(《論語·先進》)

② 《論語·述而》:"子曰:'君子坦蕩蕩,小人長戚戚。'"

方認得長生是指此個東西,然而此個東西,如何下手修煉也?"

子曰:"此個東西,本來神妙,不以修煉而增,亦不以不修煉而滅。①其最先下手,只在自己能悟,悟後又在自己能好能樂,至於天下更無以尚,則打成一片,而形神俱妙,與道合真矣。若悟處不透,與好樂不真,則面目雖露,而隨物有遷。驗之心思,夢寐之間,倏然而水,倏然而火,倏然而妖淫,倏然而狗馬,人化物而天真之本來者,將變滅無幾矣。噫!可畏也。"

子曰:"聞之《語》曰'仁者壽'。②夫仁,天地之生德也。天地之德生為大,天地之生也,仁為大。是人之有生於天地也,必合天地之生以為生,而其生乃仁也;亦必合天地之仁以為仁,而其仁乃壽也。古詩書之言壽也,必曰'無疆',必曰'無期'。夫'無期'也者,③所引之恒久則爾也是,仁之生生而不息焉者也;'無疆'云者,所被之廣博則爾也是,仁之生生而無外焉者也。是以大人之生也,生吾之身以及吾家,以及吾國,以及吾天下,而其生無外焉,而吾此身之生始仁也。生茲一日,以至於百年,以至於千年,以至於萬年,而其生不息焉,而吾此日之生始仁也。如是而仁焉,而謂仁之不足為壽也,吾弗之然也;如是而壽焉,而謂壽之不本於仁也,吾弗之然也。"

子曰:"微乎淵哉!斯道之為蘊,而此心之為妙乎!流通於萬竅,而形質莫之或拘;樞幹夫三才,而端緒莫之或泥。內外兩忘,而無人之弗我;形神渾化,而無我之非天,則非惟身壽之不足為重輕,即名壽且無能為久近矣。"

子曰:"天地無心,以生物為心。今若獨言心字,則我有心,而汝

① 其下有小注曰:"一本作減。"
② 《論語‧雍也》:"孔子曰:'知者樂水,仁者樂山;知者動,仁者靜;知者樂,仁者壽。'"
③ 其下有小注曰:"'無期'也者,一本作'無期'云者。"

亦有心；人有心，而物亦有心，何啻千殊萬異？善言'心'者，不如以'生'字代之，則在天之日月星辰，在地之山川民物，在吾人之視聽言動，渾然是此生生爲機，則同然是此天心爲復。故言下著一'生'字，便心與復，即時渾合，而天與地、我與物，亦即時貫通聯屬而更不容二也已。"

問："'萬物皆備'一章，①其說何如？"

子曰："有宋大儒，莫過明道，而明道先生入手，則全在'學者先須識仁'。②而識仁之說，則全是體貼'萬物皆備於我'一章。今學者能於孔門求仁宗旨明了，則看《孟子》此章之說，其意便活潑難窮矣。蓋天本無心，以生萬物而爲心，心本不生，以靈妙而自生。故天地之間，萬萬其物也，而萬萬之物，莫非天地生物之心之所由生也。天地之物，萬萬其生也，而萬萬之生，亦莫非天地之心之靈妙所由顯也。謂之曰'萬物皆備於我'，則我之爲我也，固盡品彙之生以爲生，亦盡造化之靈以爲靈，則我之與天，原非二體，而物之與我，又奚有殊致也哉？是爲天地之大德，而實物我之同仁也。反而求之，則我身之目，誠善萬物之色；我身之耳，誠善萬物之音；③我身之口，誠善萬物之味；至於我身之心，誠善萬物之性情。故我身以萬物而爲體，萬物以我身而爲用。其初也，身不自身，而備物乃所以身其身；其既也，物不徒物，而反身乃所以物其物。是惟不立，而身立則物無不立；是惟不達，而身達則物無不達。蓋其爲體也誠一，則其爲用也自周。此之謂'君子體仁以長人'，④亦所

---

① 《孟子·盡心上》："孟子曰：'萬物皆備於我矣。反身而誠，樂莫大焉。强恕而行，求仁莫近焉。'"

② 《二程遺書》卷二上《識仁篇》："學者須先識仁。仁者，渾然與物同體。義、禮、知、信，皆仁也。識得此理，以誠敬存之而已，不須防檢，不須窮索。若心懈則有防，心苟不懈，何防之有？理有未得，故須窮索，存久自明，安待窮索？"

③ 底本無"我身之耳，誠善萬物之音"一句，今據《近溪子集》補。

④ 《周易·乾·文言傳》："君子體仁足以長人，嘉會足以合禮，利物足以和義，貞固足以幹事。"

謂仁人順事而恕施也。①豈不易簡，豈不大樂也哉？其有未誠者，事在
勉強而已。勉強云者，強求諸其身也。強求諸身者，強識乎萬物之所
以皆備爾也。果能此道，則雖愚必明，雖柔必強，物我渾合之幾，既體
之信而無疑，則生化圓融之妙，自達之順而靡滯。尚何恕之不可行，
又奚仁之不可近也哉？故思欲近仁，惟在強恕，將圖強恕，必務反身。
然反身莫強於體物，而體物尤貴於達天。非孔門求仁之至蘊，而孟氏
願學之的矩也歟哉！」

問：「尋常如何用工者？」

子曰：「工夫豈有定法？不佞有時靜思此身百年，今已過多半，②
中間履歷，或憂戚苦惱，或順逆忻歡，今皆窅然如一大夢。當時通身
汗出，覺得苦者不必去苦，忻者不必去忻，終是同歸於盡。翻然再思，
過去多半只是如此，則將來一半亦只如此，通總百年都只如此，卻成
一片好寬平世界也。」

或曰：「聖人常言‘君子坦蕩蕩’，恐亦於此見得而然？」

子曰：「果然！果然！」

問者詰曰：「然則喜怒哀樂皆可無耶？」

子曰：「喜怒哀樂皆因感觸而形，故心如空谷，呼之即響，原非其
本有也。今只慮子之心未坦蕩耳。若果坦蕩方可言未發之中。既是
未發之中，又何患無已發之和耶？君子戒謹恐懼，正恐失了此個受
用，無以爲位天地育萬物本原也。」

問：「近時用工，殊覺思慮起滅，不得寧妥者，謂之奈何？」③

---

① 《左傳‧襄公二十三年》：「仲尼曰：‘知之難也，有臧武仲之知，而不容於魯國，抑有由也：
作不順而施不恕也。《夏書》曰：‘念茲在茲，順事恕施也。’」孔子意謂，臧武仲幫助季武子廢長（公
鉏）立幼（季悼子），是作事不順；行事突兀而不體恤被廢的公鉏，是施事不恕。順事恕施：有嫡立
嫡爲順；己所不欲，勿施於人爲恕。

② 「半」，底本闕，據《一貫編》《明道錄》補。

③ 底本無「謂之奈何」一句，今據《近溪子續集》補。

子曰:"天下事理,皆先本根,本根既正,則末節無難矣。今度所論工夫,原非思慮之不寧,實由心體之未透也。蓋吾人日用,思慮雖有萬端,而心神止是一個。遇萬念以滯思慮,則滿腔渾是起滅,其功似屬煩難。若就一念以宰運化,則衆動更無分別。《易》曰:'天下何思何慮?天下殊途而同歸,百慮而一致。'夫慮以百言,此心非果無思慮也,惟一致以統之,則返殊而爲同,化感而爲寂,渾是妙心,更無他物,欲求纖毫之思,亦了不可得也已。"

問:"掃盡浮雲而見青天白日,①與吾儒宗旨同否?"

子曰:"後世諸儒亦有錯認以此爲治心工夫者,然與孔孟宗旨則迥然冰炭也。夫《語》《孟》俱在,如曰'苟志於仁,無惡也',又曰'我欲仁,斯仁至矣',②又曰'凡有四端於我者,知皆擴而充之,若火之始然,泉之始達。苟能充之,足以保四海'。看他受用,渾是青天白日,何等簡易?又何等方便也。"

曰:"既是如此,何故世人卻不能盡如孔孟耶?"

子曰:"此則由於習染太深,聞見渾雜,縱有志向學者,亦莫可下手也。"

曰:"此等習染見聞,難說不是天日的浮雲。故今日學者工夫,須如磨鏡,將塵垢決去,方得光明顯現耳。"

子曰:"觀之孟子謂'知皆擴充',③即一'知'字果是要光明顯現。但吾心覺悟的光明,與鏡面光明,卻有不同。何則?鏡面光明與塵垢原是兩個,吾心之先迷後覺卻是一個。當其覺時,即迷心爲覺,則當其迷時,亦即覺心爲迷。除覺之外,更無所謂迷,而除迷之外,亦更無所謂覺也。故浮雲天日、塵垢鏡光俱不足爲喻。若必欲尋個善喻,莫

①   佛教禪宗常說語,謂掃除煩惱,闢見心性真如清静本體。
②   《論語·述而》:"子曰:'仁遠乎哉?我欲仁,斯仁至矣。'"
③   《孟子·公孫丑上》:"凡有四端於我者,知皆擴而充之矣,若火之始然,泉之始達。苟能充之,足以保四海;苟不充之,不足以事父母。"

若冰之與水,猶爲相近也。若吾人閑居放肆,一切利欲愁苦即是心迷,譬之水之遇寒而凝結成冰,固滯蒙昧,勢所必至。有時共師友談論,胸次瀟灑,則是心開朗,譬之冰遇暖氣,消融成水,清瑩活動,亦勢所必至也。況冰雖凝而水體無殊,覺雖迷而心體具在,方見良知宗旨,真是貫古今、徹聖愚、通天地萬物而無二無息,孔孟之功,真是爲天地立心、爲生民立命而開太平於萬萬世也已。"

　　友人有請訓迪者。子曰:"聖賢惓惓垂教天下後世,有許多經傳,不爲其他,只爲吾儕此身,故曰'道不遠人'。①且不在其他,而在於此時,故曰'道也者,不可須臾離'。②夫此身此時立談相對既渾然皆道,則聖賢許多經傳亦皆可以會而通之。如《論語》所謂'時習而悦''朋來而樂',③《中庸》所謂'率性爲道''修道爲教',《大學》所謂'在明明德''在親民',《孟子》所謂人性皆善而浩然塞乎天地之間,字字句句,無一而不於此身此時相對立談而明白顯現兼總條貫矣。由此觀之,天下之人只爲無聖賢經傳喚醒,便各各昏睡,雖在大道之中而忘其爲道,所以'百姓日用而不知'。及至知之,則許多道妙、許大快樂即是相對立談之身,即在相對立談之頃現成完備而無欠無餘。如昏睡得醒之人,雖耳目惺然爽快,然其身亦只是前時昏睡之身而非有他也。故曰'天之生斯民也,以先知覺後知,以先覺覺後覺'。④諸君能趁此一刻之覺而延之刻刻,積刻成時,又延一時以至時時,積時成日,又延一日以至日日,久之以至終身歲月,皆如今此相對立談而不異焉,則源泉涓滴,到海有期,核種纖芽,結果可待。生意既真,便自久久不息,而至誠純一之境,只在此時⑤一覺之功以得之,而無事旁求也已。"

─────────

① 《中庸》:"子曰:'道不遠人。人之爲道而遠人,不可以爲道。'"
② 《中庸》:"天命之謂性,率性之謂道,修道之謂教。道也者,不可須臾離也,可離非道也。"
③ 《論語·學而》:"子曰:'學而時習之,不亦説乎? 有朋自遠方來,不亦樂乎? 人不知而不愠,不亦君子乎?'"
④ 《孟子·萬章上》載伊尹曰:"天之生此民也,使先知覺後知,使先覺覺後覺也。"
⑤ "時",底本無,據《一貫編》補。

問:"日來所教,尚有求而未得者。"

子曰:"子於所求未得而心即知之,未嘗或昧,是汝心之本然明否?"

曰:"是心之本明也。"

曰:"心知未得而口即言之,未嘗或差,是汝口之本然能否?"

曰:"是口之本能也。"

曰:"心本明而知未嘗或昧,口本能而言未嘗或差,則此身此道果不離於須臾也。"

曰:"今蒙開示,果然如睡,既喚而醒然有所得矣。"

曰:"子之心不特昨日之未得知之,而今日之既得亦復知之,子之口不特昨日之未得能言之,而今日之既得亦復能言之,則此身此道不止不離於須臾,而可引之終身也。況以聖賢經傳而會通之,則心之已得未得而一一知之不昧,即所謂'明明德'也。口之未得已得而一一言之不差,即所謂'率性之謂道'也。以心之所明者、以性之所率者彼此相與切磋講究,即所謂'在親民'而'修道之謂教'也。學者如是學,即所謂爲之不厭、時習而悦也。教者如是教,即所謂誨人不倦、朋來而樂也。然則孟子所謂人性皆善者,固於此益信其不誣,而所謂浩然以塞乎天地之間者,亦可立待以觀乎至誠無息之妙矣。"

問:"諸生此時聞教,不止昏睡獲醒,且覺志意勃勃興動而不能自已者!"

子曰:"此道生機,在於吾身,原是至真無妄,至一無二,故雖不及後世訓詁之學有幾許道理可以尋思,亦不及後世把捉之學有幾許工夫可以操執,然而些子良知之知、些子良能之能,卻如有源之泉,涓涓而不斷,有種之芽,滋滋而不息,可以自須臾而引之終身,從今日而通之萬世。够足受用,固無餘剩,亦無甚①欠缺也。"

---

① "甚"字原闕,據《一貫編》補。

曰：“先儒謂‘隨時體認天理’，①恐亦是此意否？”

子曰：“‘天理二字，是某自家體貼出來’，②此明道先生語也。蓋明道之學在先識仁，其謂‘不須窮索，不須防檢’，③直是見得此理與天同體，沖漠而無朕，如何索得？運行而無迹，如何執得？然孩提不慮而知是與知，孩提不學而能是與能，則又天之明命在人自爾虛靈，天之真機在人自爾妙應。故只從此須臾之頃悟得透、信得及，則良知以為知，若無知而自無所不知，良能以為能，若無能而自無所不能。所謂明德也者，應如是而明；所謂率性也者，應如是而率。赤子之心不失而大人入聖之事備矣。不然，從思索以探道理，泥景象以成操執，彼方自謂用力於學，而不知物焉，而不神迹焉，而弗化於天然自有之知能，日遠日背，反不若常人，雖云不知向學，而其赤子之體尚渾淪於日用之間，若泉源雖不導而自流，果種雖不培而自活也。”

諸生咸踴躍再拜曰：“吾儕自昨晚以至今日，反求諸心，果然未嘗頃刻而不明白，亦未嘗頃刻而不活潑也。雖居人世，實與天游矣！夫子之造化吾儕也何其大且遠也耶！”

問：“諸生領教於天機之妙固已躍然，但不徵以人事，又恐或涉於玄虛，奈何？”

子曰：“天機、人事原不可二。固未有天機而無人事，亦未有人事而非天機。只緣世之用智者外天機以為人事，自私者又外人事以求天機，而道術於是乎或幾於裂矣。所以孔孟立教為天下後世定個極則，曰‘堯舜之道，孝弟而已矣’。孝者，孩提無不知愛其親者也；弟者，少長無不知敬其兄者也。故以言乎身之必具則曰‘仁者人也，親親為大’，以言乎時之不離則曰‘一舉足而不敢忘，一出言而不敢忘

---

① 湛若水《格物通》卷五：“學之要，在隨處體認天理而已。”

② 《二程外書》卷十二：“明道嘗曰：‘吾學雖有所受，天理二字卻是自家體貼出來。’”

③ 《識仁篇》：“學者須先識仁。仁者，渾然與物同體，義、禮、智、信，皆仁也。識得此理，以誠敬存之而已，不須防檢，不須窮索。”

焉'.①邇可遠,在茲也則廓之而橫乎四海;暫可久,在茲也則垂之萬世而無朝夕。此便是大人不失赤子之心之實理實事。後世不察,乃謂孝之與弟,止舉聖道之切近者爲言。噫! 天下之理,豈有妙於不思而得者乎? 孝弟之不慮而知,即所謂不思而得也。天下之行,豈有神於不勉而中者乎? 孝弟之不學而能,即所謂不勉而中也。故捨卻孝弟之不慮而知,則堯舜之不思而得必不可至。捨卻孝弟之不學而能,則堯舜之不勉而中必不可及。即如赴海者流須發於源泉,而桔橰沼澥縱多而無用也。結果者芽須萌於真種,而染彩鏤畫徒勞而鮮功也。其曰'堯舜之道,孝弟而已矣',豈是有意將淺近之事以見堯舜可爲? 乃是直指入道之途徑、明揭造聖之指南,爲天下一切有志之士而安魂定魄、一切拂經之人而起死回生也。諸君能日用周旋於事親從兄之間,以涵泳乎良知良能之妙,俾此身此道不離於須臾之頃焉,則人皆堯舜之歸而世皆雍熙之化矣!"

子在會,每每訓諸童子耳目聰明曰:"此即是汝之良知,終日終夜更無不知之時也。"

諸童子各各應聲如響,或曰:"'誰能出不由户,何莫由斯道也',如何孔子復有此嘆?"

子曰:"聖人此語,正是形容良知無須臾離,如曰人皆曉得由户,則其終日所行何莫而非斯道也。"

或曰:"既是人皆曉得,如何卻有毆父罵母之輩?"

子曰:"此輩固是極惡,然難説其心便自家不曉得是惡也。"

或曰:"雖是曉得,卻算不得。"

子曰:"雖是算不得,卻終是曉得。可見人心良知果是須臾不離也。"

---

① 《禮記·祭義》:"一舉足而不敢忘父母,一出言而不敢忘父母。一舉足而不敢忘父母,是故道而不徑,舟而不遊,不敢以先父母之遺體行殆。一出言而不敢忘父母,是故惡言不出於口,忿言不反於身。不辱其身,不羞其親,可謂孝矣。"

或者默然。

子因呼在坐者曰：“不佞有一語與諸君商之，孔子云‘人性相近’，①是說天下中人居多，故其立教亦以中庸爲至。即如此會四五百人，誰便即能到得堯舜？然其道只是孝弟，孝弟則人人可爲也。亦誰便肯身爲盜跖？但只是大人，卻亦不能無過。只是過則能改，過而不改，是謂過矣。今日若說聰明，必如聖人，則此學人未易承當。若說作惡皆如盜跖，則此學人亦難招認。豈知天生大聖人，固是不偶，其生大惡人，亦是不偶。故今日吾儕多是中人，既是中人，則遷善改過可以勉强而不終於下愚，愛親敬長亦可勉强而不背乎上智。如此爲學，其學可盡通於賢愚。如此爲會，其會可大通於遠近。如此爲道，其道可直達於古今。故曰人人親其親、長其長而天下平。吾人出世一場，得親見天下太平亦足矣，又何必虛見空談清奇奧妙，割股廬墓，希望高遠，而終不足以濟實用，又何必束手縛足、畏縮矜持而苦節貞凶也哉！”

五華書院大會，諸生有講“仕而優則學”②章者。

子曰：“汝曹今日且須究竟聖賢平生所學者爲學個甚麼，所仕者爲仕個甚麼，如《大學》誠意正心修身是所謂學，而齊家治國平天下是所謂仕，中間貫穿一句只説‘明明德於天下’，至其實實作用只是個孝者所以事君、弟者所以事長、慈者所以使衆，上老老而民興孝，上長長而民興弟，上恤孤而民不倍。細説似有兩件，貫穿實爲一事。故孔子言志，獨以‘老安’‘少懷’‘朋友信’爲個話頭。③看他所志如此，則學便是學這個，仕便是仕這個，此外更無所謂學、更無所謂仕，亦更無所謂

---

① 《論語·陽貨》：“子曰：‘性相近也，習相遠也。’”
② 《論語·子張》：“子夏曰：‘仕而優則學，學而優則仕。’”
③ 《論語·公冶長》：“顏淵、季路侍。子曰：‘盍各言爾志？’子路曰：‘願車馬、衣輕裘，與朋友共。敝之而無憾。’顏淵曰：‘願無伐善，無施勞。’子路曰：‘願聞子之志。’子曰：‘老者安之，朋友信之，少者懷之。’”

志也已。”

大理諸生講“顔淵問仁”一章、“司馬牛問仁”一章、“樊遲問仁”一章、“子路問政”一章、“子貢問師與商也孰賢”一章既畢，郡守莫君請子啓迪。

子顧諸生語曰：“適講説許多書，俱是敷陳世間道理。今大衆聚於一堂，如此坐立，如此相問，卻是面前實事。諸生各以方纔口中説的道理，與今身子上的行事打個對同，果渾然相合耶？抑尚不免有所間隔也？”

諸生默然。

子作而嘆曰：“適纔許多講説，卻與汝輩身上一些對同不來，則推之平時窗下之讀誦，與他日場中之文詞，皆只是一段虛見，一場閑話，而一套空理矣，與汝竟何益耶？故今講孔子的書，便須體察孔子當時提醒門下諸賢的一段精神。蓋當時諸賢，亦如汝輩欲理會道理來者，孔子則句句字字，只打歸各人身上去，求個實落受用，如答顔淵、仲弓，以至子路、子貢，莫不同是此段精神。就是後來記者將此議論作成經書，漢宋諸儒將此經書演成注疏，我國家制令，又將經書注疏立成科試，及諸上司歲時進講，皆是接續孔子當時一段精神，使天下萬世，人人皆得個實落受用耳。”

時一堂下上，將千百餘衆，咸肅然静聽，更無有一人躁動者。

子亦端坐，少頃，因謂莫守曰：“試觀此際諸生意思何如？”莫守忻忻起曰：“此時一堂意思，卻與孔門當時問答精神，大約相似。”

子曰：“豈惟精神可與對同，即初講諸書，亦可以一一對同也。蓋此一堂，下如輿皂，次如鄉約父老，次而胥吏，次而生儒，又上如郡邑僚屬，其人品等級，誠難一概。若論此時静肅敬對，一段意氣光景，則賤固不殊乎貴，上亦無異於下。地方遠近，不能爲之分；形體長短，不能爲之限。譬之洱海之水，其來有從瀑而下者，有從穴而出者，今則澄匯一泓，鏡平百里，更無高下可以分別。既無高下可以分別，則又孰可以爲太過？孰可以爲不及也哉？既渾然一樣，而無過不及，則予與郡邑以是意而先之勞之，諸士民亦以是意而順之從之，相通相愛。在上者真是鼓舞而不倦，在下者亦皆平正而無枉，欲求一不仁之事、不仁之人，於此堂之前後左右也，寧不遠去而莫可復得也耶！吾人能以此段平明之體而養之於中，便可以語司馬牛之心存不放，①能以此段平明之心而推之於衆，便可以語仲弓之所惡勿施。②又能擴而充之，便可以語顏子之‘克己復禮而天下歸仁’矣。③故孔門宗旨只是教人求仁，而吾人工夫只是先須識仁。此時此會，堂下上百千其心而共一忻忻愛樂之情，百千其目而共一明明覿面之視，百千其耳而共一靈靈傾向之聽，百千其口而共一肅肅無諍之止，百千其手足而共一濟濟不動之立站。故聖人指點仁體，每曰‘仁者人也’，又曰‘君子之道，本諸身，徵諸庶民’。正說此堂，我是個人，大衆也是個人，我是這般意思，大衆也是這般意思。若識此一段意思，便識得當時所謂天下歸仁者，是說天下之人都渾然在天地造化一團虛明活潑之中也。此一團虛明活潑之仁，④從孩提少長，便良知良能，所謂‘人之生也直’，⑤而無或枉也。即愚夫愚婦，皆與知與能，所謂用中於民也。孔門惟顏淵、仲弓，此段意思能自承當，所以於己便復得禮，於人便行得恕，故一可爲邦，⑥一可南面，⑦直是此個體段承當得來，便自無我無人，無遠無近，而渾然合一。若子張、子路諸賢，不肯輸心向這裏承當，卻謂聖賢之

---

　　① 《論語・顏淵》：“司馬牛問仁。子曰：‘仁者其言也訒。’曰：‘其言也訒，斯謂之仁已乎？’子曰：‘爲之難，言之得無訒乎？’”

　　② 《論語・顏淵》：“仲弓問仁。子曰：‘出門如見大賓，使民如承大祭。己所不欲，勿施於人。在邦無怨，在家無怨。’仲弓曰：‘雍雖不敏，請事斯語矣。’”

　　③ 《論語・顏淵》：“顏淵問仁。子曰：‘克己復禮爲仁。一日克己復禮，天下歸仁焉。爲仁由己，而由人乎哉？’顏淵曰：‘請問其目。’子曰：‘非禮勿視，非禮勿聽，非禮勿言，非禮勿動。’顏淵曰：‘回雖不敏，請事斯語矣。’”

　　④ “仁”，底本闕，據《一貫編》補。

　　⑤ 《論語・雍也》：“子曰：‘人之生也直，罔之生也幸而免。’”

　　⑥ 《論語・衛靈公》：“顏淵問爲邦。子曰：‘行夏之時，乘殷之輅，服周之冕，樂則韶舞。放鄭聲，遠佞人。鄭聲淫，佞人殆。’”

　　⑦ 《論語・雍也》：“子曰：‘雍也可使南面。’”冉雍，字仲弓，孔門高足，以德行著稱。

學，必有個異乎人處，所以或見我不如人，或見人不如我，或見古不如今，今不如古，或見凡不是聖，聖不是凡，較短論長，是內非外，或失則太過，或失則不及，或失則躁動，或失則怠倦。至於司馬牛、樊遲，則聖人雖把目前事指點與他，他卻必要生疑，蓋他定說：聖人爲學，決有別一種道理，而不應如此易易也。"

於時滿堂聞者，翕然稱快，至依依戀戀不忍別去。因命之歌，則歌《南山》五章，①命再歌，則歌"勝日尋芳"一首。②

子顧諸生笑曰："汝我之依依戀戀，庶幾乎東風面目，而愷悌樂只矣乎！滿堂上下，亦庶幾乎千紅萬紫，而邦家之基之光矣乎！況天地生機，充長無盡，自茲方而遍之天下，從此日而引之終古，其萬年而無疆無期也，亦在汝我之勉力何如耳！"

子敬起以稱謝於郡邑僚屬及諸師生，師生及各僚屬亦再四於子致感。時方朝霧凈展，杲日空懸，光耀臨階，昭融特甚。子復揖諸君而申諭之曰："太陽有赫，吾明德也。古之人光被四表，即明明德於天下，而天下歸仁也。慎之哉！此際人己相通，心目炯炯，是則海底紅輪，而復以自知處也。顏，何人哉？希之則是。惟諸君珍重！珍重！"

---

① 《南山》：《小雅・南山有臺》是《詩經》中的一首詩。全詩五章，每章六句。每章後四句都是歌功頌德和祝壽之詞，爲周代貴族宴饗賓客的通用樂歌。

② "勝日尋芳"，爲朱熹的一首哲理詩，全詩爲："勝日尋芳泗水濱，無邊光景一時新。等閑識得東風面，萬紫千紅總是春。"

下　卷

明德子羅子大會於南京之憑虛閣，或問“君子之道，費而隱”。①

子曰：“諸君試看，六經中語道之文，曾有如此‘費’字之奇特者乎？蓋吾夫子學《易》，到廣生大生去處，滿眼乾坤，如百萬富翁，日用浩費無涯，乃説出這個字面。善體聖心者，便從‘費’字以求‘隱’字，則富翁之百萬寶藏，一時具見矣。故‘費’是説乾坤生化之廣大，‘隱’是説生不徒生，而存諸中者生生而莫量；化不徒化，而蘊諸内者化化而無方。故‘費’字之奇，不如‘隱’字之尤奇，‘費’字之重，又不如‘隱’字之尤重。費則只見其生化之無疆處，而隱則方表其不止無疆，而且無盡處。”

又曰：“聖人的確見得時中分明，發得時中透徹，不過只在此個費隱。故曰：‘溥博淵泉，而時出之。溥博如天，淵泉如淵。’夫時中即是時出，時時中出，即是浩費無疆，實藏無盡，平鋪於日用之間而無人無我，常在乎目睫之下而無古無今。真如鉅富之家，隨衆穿也穿不了，隨衆喫也喫不了，隨衆受用更也受用不了。君子尊德性者，是尊此個德性；敬畏天命者，是敬畏此個天命；樂其日用之常者，是樂此個日用之常；大人之所以不失赤子良心者，是不失此個赤子良心。後世道術無傳，於天命之性，漫然莫解，便把吾人日用恒性，全不看上眼界，全

① 《中庸》：“君子之道費而隱。夫婦之愚，可以與知焉，及其至也，雖聖人亦有所不知焉；夫婦之不肖，可以能行焉，及其至也，雖聖人亦有所不能焉。”費：廣大。隱：精微。

不著在心胸,或疑其爲惡,或猜其爲混,或妄第有三品,遂至肆無忌憚,而不加尊奉敬畏,則卒至於索隱行怪而反中庸矣。蓋由其不見大用顯行,遍滿寰穹,便思於靜僻幽隱處著力,謂就中須養出端倪,又謂看喜怒哀樂以前作何氣象?不見孩提愛敬,與夫婦知能,渾然天然大道,便思生今反古,刻意尚行,而做出一番奇崛險怪、驚世駭俗之事。此豈不是不知天命而不畏,遂至反中庸者哉?"

子會於從姑山之長春閣,忽問新城在川黃君天祥曰:"君是黃家子否?"曰:"是。"曰:"既是黃家子,胡不管黃家事?"黃君亦有省,但曰:"非不欲管黃家事,其如主人弱何?"子曰:"雖屬弱主人,纔管事,黃家猶有靠托。如弗肯管,即强壯無益,而黃家亦虛生此子也。"在坐皆矍然。

子大會建昌之城隍廟,呼文塘黎君允儒及寧國梅井郭君忠信輩,[1]語之曰:"只是孝弟,便是堯舜,便是明明德於天下。譬之溪澗,此爲一竇,此爲一淙,殊覺小小,群山合流,衆壑聚派,即爲江河;一人孝弟,一家孝弟,而人人親長,即唐虞熙皞之盛不難也。"

會中有問孝弟如何爲仁之本者。子曰:"古本'仁'作'人',最是。即如人言,樹必有三大根始茂,本猶根也。夫人亦然,亦有三大根,一父母,一兄弟,一妻子。樹之根,伐其一不榮,伐其二將稿,伐其三立枯矣。人胡不以樹爲鑒哉!"

雲臺余君承詔,在城隍廟會中,舉孔子"十有五志學"爲問。子曰:"只今坐中有五六十者,有三四十者,有初發心者,有久學問者,恐皆不如吾夫子起初十五歲時也。"

---

[1] 郭忠信,字希曾。與兄忠曾皆爲諸生,初從羅汝芳講學,後爲督學耿恭簡選爲實學篤行之士。明隆慶中,以恩貢授辰州通判,因忤時相謫婺源教諭,人稱梅井先生。

思泉黄君乾亨問："講學者多云當下,此語如何?"

子曰："此語爲救世人學問無頭而馳求聞見、好爲苟難者引歸平實田地,最爲進步第一義,故曰:'人情者,聖人之田。'①然須有許多仁聚禮耨家數,方可望收成結果也。但到此工夫漸就微密,若無先覺指點,則下者便影響難入,高者便放蕩無檢。故孔子謂:'君子中庸,君子而時中;小人中庸,小人而無忌憚。'可見中庸也只是一般,但不能如君子戒謹恐懼,加以時習,便放濫無所歸著,而終爲小人耳。"

聞者共惕然曰:此正今時學者大病,孔子所以重憂夫學之不講而誨人不倦也。②

子大會於建昌城南文峰王氏之家祠,中撫石井傅君默旴、斗陽張君嶺輩相與笑談,有及於素共講學而未肯承當者,其友曰:"譬之酒家,某何嘗不賣酒,但恥掛招牌耳。"

子問曰:"何恥也?"曰:"酒少。"子曰:"此個酒海,浸人没頂,君自不知耳。"既而改容,悼嘆曰:"此宇宙間學問一大宗旨也。且説'民之秉彝,好是懿德',③誰不作酒,誰不招客,又誰不云我只沽酒與人,何以招牌爲哉? 細細究之,此乃何等心腸,卻是陷在鄉愿窠臼中。孔孟防之,所以曰:'閹然媚於世者,德之賊也'。④蓋吾心之德,原與天地同量,與萬物一體,故欲明明德於天下,而一是皆以修身爲本者,正恐自賊云耳。故曰謂其身不能者,賊其身者也。夫父母全而生,子全而歸。孔子東西南北於封墓之後,孟子反齊止嬴於敦匠之餘,固爲天地

---

① 《禮記·禮運》:"故禮之於人也,猶酒之有糵也,君子以厚,小人以薄。故聖王修義之柄、禮之序,以治人情。故人情者,聖王之田也。修禮以耕之,陳義以種之,講學以耨之,本仁以聚之,播樂以安之。""聖王之田",此處引作"聖人之田"。

② 《論語·述而》曰:"德之不修,學之不講,聞義不能徙,不善不能改,是吾憂也。"又曰:"若聖與仁,則吾豈敢? 抑爲之不厭,誨人不倦,則可謂云爾已矣。"

③ 《詩經·大雅·烝民》:"天生烝民,有物有則。民之秉彝,好是懿德。"

④ 《論語·陽貨》有言:"鄉愿,德之賊也。"《孟子·盡心下》曰:"閹然媚於世也者,是鄉原也……非之無舉也,刺之無刺也;同乎流俗,合乎汙世;居之似忠信,行之似廉潔;衆皆悦之,自以爲是,而不可與入堯舜之道,故曰德之賊也。"

生民，亦爲父母此身。蓋此身與天下原是一物，物之大本只是一個講學招牌，此等去處須是全付精神透徹理會、直下承當，方知孔孟學術如寒之衣、如饑之食，性命所關，自不容已。否則將以自愛適以自賊，故大學之道，必先致知，而致知在格物也。"

子參滇藩，時大會楚雄書院，當斯時也，父老子弟，群然而集。見諸聲歌，間以鍾鼓，堂上堂下雍雍如也。適郡邑命吏胥執事供茶，循序周旋，略無差爽。因諸生中有言"戒謹恐懼不免爲吾心寧静之累"者。子詳發之曰："群胥進退恭肅，内固不出，外亦不入，雖欲不謂其心寧静不可得也。如是寧静，正與戒懼相合，而又何相妨耶？今世業舉子者，多安意於讀書作文，居則理家，出則應務，自以此爲日用常行。至論講學作聖賢，卻當別項道理，且須異樣工夫。故每每以閉户静坐爲寧静，以矜持把捉爲戒懼，欲得乎此而恐失乎彼者，殆將十人而九矣。曾不思，天命率性，道本是個中庸，中庸解作平常，固平常之人所共由也，且須臾不可離，固尋常時刻所常在也。諸士子試觀，適纔童冠擊鼓考鍾，一音一響，鏗鏗朗朗，諸父老並立而聽，亦一字一句，曉曉了了，以至群胥執事供茶，亦一步一趨，明明白白，一堂何曾外卻一人？一人何曾離卻一刻？而不是此心之運用，此道之現前也耶？"

有一生曰："戒謹恐懼，相似用工之意，或不應如此現成也。"

子曰："諸生可言適纔童冠歌詩、吏胥進茶時，全不戒懼耶？其戒懼全不用工耶？蓋説做工夫，是指道體之精詳處；説做道體，是指工夫之貫徹處。道體既人人具足，則豈有全無工夫之人？道體既時時不離，則豈有全無工夫之時？故孟子曰'行矣而不著，習矣而不察'。[1]所以終日於道體、工夫之中，儘是寧静，而不自知其爲寧静；儘是戒懼，而不自知其爲戒懼。天下古今，莫不皆然也。"

---

[1] 《孟子·盡心上》："孟子曰：'行之而不著焉，習矣而不察焉，終身由之而不知其道者，衆也。'"

又曰："汝諸士子身心，具有此個光明至寶，通晝徹夜，照地燭天，隨汝諸士子出外居家而不舍，替汝諸士子穿衣喫飯而不差，相似寧静而又戒懼，相似戒懼而又寧静。常常在於道學門中，亦久久在於聖賢路上，卻個個不肯體認承當，而混混昧昧，枉過此生，亦真可惜也已。"

子按騰越，州衛及諸鄉大夫士請大舉鄉約。迨講聖諭畢，父老各率子弟以萬計咸依戀環聽，不能捨去。子呼晉講林生問曰："適纔汝爲衆人講演鄉約善矣，不知汝所自受用者，復是何如？"

林生曰："自領教來，常持此心不敢放下。"

子顧諸士夫嘆曰："只恐林生所持者未必是心也。"

林生悚然曰："不知心是何物耶？"

子乃遍指面前所有示曰："汝看此時環侍老小，林林總總，個個仄着足而立，傾著耳而聽，睁著目而視，一段精神，果待他去持否？豈惟人哉？兩邊車馬之旁列，上下禽鳥之交飛，遠近園花之芳馥，亦共此段精神，果待他去持否？豈惟物哉？方今高如天日之明熙，和如風氣之暄煦，藹如雲煙之霏密，亦共此段精神，果待他去持否？"

林生未及對，諸老幼咸躍然前曰："我百姓們此時歡忻的意思，真覺得同鳥兒一般活動，花兒一般開發，風兒日兒一般和暢也，不曉得要怎麼去持，也不曉得怎麼是不持。但只恨不早來聽得，又只怕上司去後，無由再聽得也。"

子曰："汝諸人所言者，就是汝諸人的本心；汝諸人的心，果是就同著萬物的心；諸人與萬物的心，亦果是就同著天地的心。蓋天地以生物爲心，今日風暄氣暖、鳥鳴花發，宇宙之間渾然是團和樂。今日太祖高皇帝教汝等孝順和睦，安生守分，閭閻之間亦渾然是一團和樂。和則自能致祥，如春天一和，則禽畜自然生育，樹木自然滋榮，苗稼自然秀穎，而萬寶美利無不生生矣。況人家一和而其興旺繁昌所有利益，又何可盡言耶？故適來童子歌詩謂'樂只君子，邦家之基；樂只君子，萬壽無期'，'樂只'二字，亦正是一團和樂之謂也。汝等老者已不必言,若許多後生小子,肯時時忍耐,不使性氣於親長之前,不好爭鬥於鄰里之間,不多殺害於禽畜之類以去斨喪這一團和樂之意,則千年萬載,長時我在汝騰越地方矣! 又何必恨其來之遲而怕其去之速耶?"

言訖,衆皆淫淫涕下,子強止之,乃散去。林生復同諸士夫再三進曰:"公祖謂諸老幼所言既皆渾是本心,則林生所言者何獨不是心耶?"

子復嘆曰:"謂之是心亦可,謂之不是心亦可。蓋天下無心外之事,何獨所持而不是心。但既有所持則必有一物矣! 諸君試看,許多老幼在此講談,一段精神,千千萬萬、變變化化,倏然而聚,倏然而散,倏然而喜,倏然而悲,彼既不可得而知,我亦不可得而測,非惟無待於持,而亦無所容其持也。林生於此心渾淪圓活處,曾未見得遽去持守而不放下,則其所執者,或只意念之端倪,或只聞見之想像,持守益堅而去心益遠矣,故謂之不是心亦可也。"

林生復進而質曰:"諸生平日讀書,把心與意看得原不相遠。今公祖斷然以所持只可當意念而不可謂心,不知心與意念如何相去如此之遠也?"

子嘆曰:"以意念爲心,自孔孟以後大抵皆然矣! 又何怪夫諸君之錯認也哉? 但此個卻是學問一大頭腦,此處不清而謾謂有志學聖,是猶煮沙而求作糜,縱教水乾柴竭而糜終不可成也。"

諸縉紳請曰:"意念與心既是不同也,須爲諸生指破,渠方不至錯用工也。"

子嘆曰:"若使某得用言指破,則林生亦可以用力執持矣。"

諸君聞而嘆曰:"然則不可著句指破便即是心,而稍可著力執持處便總是意念矣!《易》曰'復其見天地之心',①林君欲得見天地之心

① 《周易·復·彖傳》:"復亨;剛反,動而以順行,是以出入無疾,朋來無咎。反復其道,七日來復,天行也。利有攸往,剛長也。復其見天地之心乎?"

而持循之，其尚自復以自見始。”

於是林生及諸縉紳請於明倫堂，聯會四日而後別。

梅井郭君問“乃見天則”①與“發而皆中節”②同異。

子曰：“喜怒哀樂，發皆中節，見天則也。但物感之來，其應甚速，苟毫髮逾節，即其則不中，此豈一時思慮所能防範，而一念擬議所可矯强也耶？即使思慮而出之，矯强而合之，於‘天則’二字亦相去徑庭矣。故《易》曰：‘先天而天弗違，後天而奉天時。’③吾輩於斯語，不可看太高遠。《禮記》謂：‘人生而静，天之性也。’④孟子曰：‘大人者，不失其赤子之心者也。’⑤夫赤子之心，純然而無雜，渾然而無爲，形質雖有天人之分，本體實無彼此之異。故生人之初，如赤子時，與天甚是相近。奈何生而静，後卻感物而動，動則欲已隨之，少爲欲間，則天不能不變而爲人，久爲欲引，則人不能不化而爲物，甚而爲欲所迷且蔽焉，則物不能不終而爲鬼魅妖孽矣。到此等田地，其喜怒哀樂，豈徒失天之則，亦且拂人之性。豈惟拂人之性，亦且造物之殃！此處又何可不著力也耶？今日果欲天則本然一一於感發處，節節皆中得恰好，更無毫釐之過，亦無毫釐之不及，停停當當，成個中和。此即後天而奉天時，順而循之，而非勉强之能與，卒而應之，而非意見之能及。善學者，於此處要識得！難以用工，決須猛省，逆將回轉，說道吾人與天，原初是一體，天則與我的性情，原初亦相貫通；驗之赤子乍生之時，一念知覺未萌，然愛好骨肉，熙熙恬恬，無有感而不應，無有應而不妙，是何等景象，何等快活！奈何後因耳目口體之欲，隨年而長，隨地而增，一段性情，初爲偏向自私，已與父母兄弟相違，自少及壯，則

---

① 《周易·乾·文言傳》：“乾元‘用九’，乃見天則。”

② 《中庸》：“喜怒哀樂之未發，謂之中；發而皆中節，謂之和。”

③ 《周易·乾·文言傳》：“先天而天弗違，後天而奉天時。”

④ 《禮記·樂記》：“人生而静，天之性也；感於物而動，性之欲也。物至知知，然後好惡形焉。好惡無節於内，知誘於外，不能反躬，天理滅矣。”

⑤ 《孟子·離婁下》：“大人者，不失其赤子之心者也。”

天翻地覆，不近人情者，十人而九矣。今日既賴師友喚醒，不肯甘心爲物類妖孽，不肯作人中禽獸，便當尋繹，我起初做孩子時，已曾有一個至靜的天體，又曾發露出許多愛親敬長，饑食渴飲，停停當當至妙的天則。豈今年長，便都失去，而不可復見也耶？要之，物感有時而息，則天體隨時而呈，不惟夜氣清明，方纔發動，即當下反求。若人言我是好人，便生喜樂；言我是禽獸，便生憤怒，亦是明明白白，停停當當，原不爽毫髮分釐也。既是天體依舊還在，卻須即時發一個大大的志願。如何志願要大？蓋天的體段，原無一物不容，原無一物不貫。若有外之心，便不可合天心也。此心，如要萬物皆爲吾體，萬年皆爲吾脈，則須將前時許多俗情世念，務於奉承，耳目口體，徇物肆情，一付當污濁雜擾，會轉移窒塞此心之虛靈洞達的東西，痛恨疾仇，惟恐其去之不速，而決之不净焉。然後收拾一片真正精神，揀擇一條直截路徑，安頓一處寬舒地步，共好朋友涵泳優游，忘年忘世，俾吾心體段，與天地爲徒，吾心意況，共鳶魚活潑。其形雖止七尺，而其量實包太虛；其齒雖近壯衰，而其真不減童稚。到此境界，卻是廓然大公，卻是寂然不動，其喜怒哀樂，安得不感而遂通，又安得不物來順應也耶？如此喜怒哀樂，以應天下國家，又安得不位天地，不育萬物，而成聖神功化也耶？故細細反觀，今日不患天則之不中，惟患天心之不復；不患天心之未復，惟患己見之不真。其見既真，則本來赤子之心完養，即是大人之聖。人至大聖，便自然天地合其德，日月合其明，四時合其序，鬼神合其吉凶矣。許大受用，原是生下帶來至寶，又豈肯甘心於耳目口體之欲，致墮落禽獸妖孽之歸。其猛省勇往，固有挽之而不容自已者矣。於此可見，朋友講學一節，真是人生救性命大事，非尋常等倫也。珍重！珍重！"

　　陳光庭《南轅的啓》云：子在留都，會於焦弱侯園中。[1]弱侯究竟佛

---

① 焦竑（1540—1620），字弱侯，號漪園、澹園，南京江寧人。明神宗萬曆十七年殿試獲第一名，授翰林院修撰，後曾任南京司業。他認爲佛經所説，最得孔孟"盡性至命"精義，漢宋諸儒所注，反成糟粕。他試圖引佛入儒，調和兩家思想。

旨，曰："達摩西來，直指見性成佛。佛門無上菩提，孔門語上的指，老師甚深微妙，意將逢人飲以醍醐。今且平平，純以孝弟慈立教，只爲二乘説法。昔孔聖於中人以上語上，即不於中人以上語下也。子意云何？"子笑而答曰："我今即不説佛，只因無佛可説，逢人無上可語，即亦無語非上。"

子貽澹園焦太史書云："晦庵先生謂夫子志學，是志於大學。①《大學》之止至善，只是學古之大人欲明明德於天下爾。欲明明德於天下即是立己立人，達己達人，而爲仁也。求仁之方則又只是不怨不尤、反之於己而設身處地焉耳矣。"又云："豈惟孔子？即伊尹身任先覺，亦視民之饑溺猶己饑溺之。今世道之根本在此學，此學之根本在朋友，朋友不能相信不免誹議，豈盡其本心哉？亦以得失之故、聞見之偏蔽陷其心之良，所謂斯民饑溺，大人視之，正思被髮纓冠、奔走救援，方是不怨不尤之恕，而欲立欲達之仁也。不此之圖，而惟適己之便焉，此在沮溺之徒則可，②擬之夫子望我輩之心，我與公等自待之志，其可與否？恐不待辨而自明也已。"

子謂熊君應皋曰："德之不修，由學之不講也。蓋學則有義可徙，有過可改。故四者之憂，③惟不學爲大也。其或講之，而不於徙義改過是亟，吾夫子之憂又當何如？"

子謂杜君蒙曰："學問端的，只認此體原無動摇。一切念頭，如浮

---

① 《論語章句集注·爲政第二》注"吾十有五而志於學"句曰："古者十五而入大學。心之所之謂之志。此所謂學，即大學之道也。志乎此，則念念在此而爲之不厭矣。"

② 沮溺之徒：指避世獨立的隱士。《論語·微子》："長沮、桀溺耦而耕，孔子過之，使子路問津焉。"長沮和桀溺是楚國兩位隱士的化名。這兩個人在天下動亂之時，主張避世隱遁，反對孔子入世救世的主張，故孔子使子路問津，他們耕田不輟，不指示渡口在什麼地方。後因以"沮溺"借指避世隱士。

③ 《論語·述而》："子曰：'德之不修，學之不講，聞義不能徙，不善不能改，是吾憂也。'"

雲之過太虛。太虛之中,不拘不留,真是主張操縱,更無執滯也。"杜自是有吟風弄月以歸之意。

少林沈君懋學問曰:①"日中時有得處,旋即失之,亦時有明處,旋即暗之。如何乃可常常保守之也?"

子曰:"子之所苦,不當在失與暗時,而當在得與明時也。蓋聖人之學,原是天性渾成,而道心之微,必須幾希悟入,其中本著不得一念,而吾人亦不可以一念著之也。今不求真訣點化,而強從光景中分別,耿耿一念以爲光明,執住此念以爲現在。不知此個念頭,非是真體,有時而生,則有時而滅;有時而聚,則有時而散。故當其得時,即是失根;當其明時,即是暗根;當其欣喜時,又便是苦根也。"

如真李君登問曰:"今時諸士子,只徇聞見讀書,逐枝葉而無根本,不知何道可反茲末習也?"

子曰:"枝葉與根本,豈是兩段? 觀之草木,徹首徹尾,原是一氣貫通,若首尾分斷,則便是死的,雖云根本,堪作何用? 要之,還看吾輩用功志意何如。若是切切實實,要求根本,則凡所見所聞,皆歸之根本。雖解牛斫輪之賤技、鳶魚庭草之微物,古人俱得以明心見道,而況五經四書,尤聖賢精蘊所寄者乎? 若只是個尋枝覓葉的心腸,則雖今日儘有玄談眇論,亦將作舉業套子矣。"

如真李君問:"《易》謂'君子終日乾乾,夕惕若',②不知'乾乾'二

① 沈懋學(1539—1582),字君典,安徽宣城人。萬曆五年殿試第一,授翰林修撰。沈懋學曾跟從陽明後學王畿學習。

② 《周易·乾》:"九三:君子終日乾乾,夕惕若,厲,無咎。"《象傳》曰:"終日乾乾,反復道也。"《文言傳》:"九三曰:'君子終日乾乾,夕惕若,厲,無咎。'何謂也? 子曰:'君子進德修業,忠信所以進德也,修辭立其誠,所以居業也。知至至之,可與幾也,知終終之,可與存義也。是故居上位而不驕,在下位而不憂,故乾乾因其時而惕,雖危無咎矣。'"

字與‘性性’之説亦有分別否?"

　　子曰:"‘乾乾’‘性性’此語,泛看亦似相同,但古之聖賢立言製字,必是各有著落。即如古人云‘乾坤二卦本是陰陽’,作《易》者不曰‘陰陽’,而曰‘乾坤’,蓋指其性情而言之也。以此觀之,則先儒謂‘性性爲能存神’,[1]明白就其體段凝定處説;至《易》謂‘終日乾乾’,明白就其工夫奮發處説。但乾乾雖説工夫,而不知順性之體,則把捉操持或犯助長之病;性性雖説體段,而不知法乾之用,則散漫精神又至忽忘之失。若善會性命,而能使骨肉俱爲渾化,則其體用亦自相停妥也已。"

　　南昌松屏何生鎔問曰:"今若全放下,則與常人何異?"子曰:"無以異也。""既無以異,則何以謂之聖學也哉?"曰:"聖人者,常人而肯安心者也;凡人者,聖人而不肯安心者也。故聖人即是凡人,以其自明,故即凡人而名爲聖人矣。凡人本是聖人,以其自昧,故本聖人而卒爲凡人矣。"

　　子謂何生鎔曰:"但能一覺,則日用間可以轉凡夫而爲聖人;不能一覺,則終身棄聖體而爲凡夫。棄聖爲凡,則雖讀書萬卷、功名極品也,只如浮雲超忽、草木榮朽而已。"

　　白下秋潭翟君文炳問:"能知即聖人,然乎?"

　　子曰:"知後方可入聖焉耳,非即聖人也。蓋良知心體,神明莫測,原與天通,非思慮所能及、道理所能到者也。吾人一時覺悟,非不恍然有見,然知之所及猶自膚淺。此後須是周旋師友,優游歲月,收斂精神,凝結心思。‘思者,聖功之本也’,故‘思曰睿’,睿者,通微之

---

[1]　張載《正蒙·神化第四》:"敦厚而不化,有體而無用也;化而自失焉,徇物而喪己也。大德敦化,然後仁智一而聖人之事備。性性爲能存神,物物爲能過化。"

謂也。①通乎晝夜之道而知，方可言通；動而未形，有無之間，方可言微。至此，則首尾貫徹，意象渾融，覺悟之功與良知之體，如金光火色，煅煉一團，異而非異，同而非同，但功夫雖妙，去聖則尚遠也。”

曰：“如何猶不足以語聖耶？”

曰：“觀於孟子謂‘大而能化’‘聖不可知’，②則聖人地位，亦自可以意會矣。”

子之第三孫懷智問道，子曰：“聖諭六言盡之。”問功夫，曰：“聖諭六言行之。”請益，曰：“聖諭六言達之天下。”“如斯而已乎？”曰：“六言行之天下，堯舜孔孟其猶病諸！”

智問修身。子曰：“捨聖諭六言而修身，是修貌也，非修身也矣。《中庸》曰：‘修身以道，修道以仁。仁者人也，親親爲大。’”

子謂智曰：“聖諭六言，其直指吾人日用常行，不可須臾離之道乎！”

廣德李大參天植問：“先生説‘形色天性’③一章，聞與衆不同，何如？”

子曰：“其説也無甚異，但此語要得孟子口氣。若論口氣，則似於形色稍重，而今説者多詳性而略形色，便覺無意味也。大要亦是世俗同情，皆云此身是血肉之軀，不以爲重。及談性命，便更索之玄虛，以

---

① 周敦頤《通書·思第九》：“《洪範》曰‘思曰睿’‘睿作聖’。無思，本也；思通，用也。幾動於彼，誠動於此。無思而無不通，爲聖人。不思，則不能通微；不睿，則不能無不通。是則無不通生於通微，通微生於思。……故思者，聖功之本，而吉凶之機也。《易》曰：‘君子見幾而作，不俟終日。’……又曰：‘知幾其神乎！’”

② 《孟子·盡心下》：“可欲之謂善，有諸己之謂信。充實之謂美，充實而有光輝之謂大，大而化之之謂聖，聖而不可知之之謂神。”

③ 《孟子·盡心上》：“形色，天性也；惟聖人，然後可以踐形。”

爲奇特。孟軻氏惜之，故曰吾此形色，豈容輕視也哉？即所以爲天性也。惟是生知安行、造位天德如聖人者，於此形色方能實踐。謂行到底裏，畢其能事。如天聰天明之盡，耳目方纔到家；動容周旋中禮，四體方纔到家。只完全一個形軀，便渾然方是個聖人。必渾然是個聖人，始可全體此個形色。若稍稍勉而未能安、守而未能化，則耳必未盡天聰，目必未盡天明，四體動容必未盡能任天之便，不惟有愧於天，實有愧於人也。故邵子‘天根月窟’之詠，①始之以耳目男子之身，而終之曰‘三十六宮都是春’。蓋形軀本是屬陰，若天根月窟既間相往來，則坤爻二六總爲乾爻之所統一，似悉該四季以作長春。所以修心煉性者，亦必名之曰純陽也。”

　　樂安詹侍御事講以學請正，②曰：“學貴静乎？”
　　子曰：“不宜離動。”
　　“在動處著力乎？”
　　曰：“宜不失静體。”
　　“功宜何著乎？”
　　曰：“心兮本虚，致虚要矣，何著？”
　　侍御常以寂爲憂，曰：“性中萬象森然，何寂之憂？然則何如而爲得力乎？”曰：“知得力處便是不得力處，不知得力處便是得力處。總之道具吾心，而吾身實在道中。真機隨處洋溢，工夫原無窮際。一念不通之人者，非道也；一息有間於道者，非功也。”

　　養貞詹侍御嘗問：“本體何如？”

────────

　　①　《邵雍集·觀物吟》：“耳目聰明男子身，洪鈞賦與不爲貧。因探月窟方知物，未躡天根豈識人。乾遇巽時觀月窟，地逢雷處看天根。天根月窟閑來往，三十六宮都是春。”“月窟”即“乾遇巽”之“姤卦”，表示陽極陰生之處，是一陰初起之時，對應二十四節氣的夏至；“天根”即“地逢雷”之“復卦”，表示陰極陽生之處，一陽初動之處，對應天時中的冬至。
　　②　詹事講，字明甫，別號養貞，江西樂安人。萬曆丁丑進士，官至北直隸提學御史。嘗問學於羅洪先、鄒守益、羅近溪。有《詹養貞集》三卷。編刻有《近溪子明道録》八卷。

子曰："無體之體，其真體乎！"

問：'功夫何如?'曰："無功之功，其真功乎！"

問："體可見乎?"曰："仁者見之止謂之仁，智者見之止謂之智，不見之見乃真見也。"

又嘗問三教何以別，曰："無而無，始墮於偏空；有而無，適得乎中正。"

問何以致良知，曰："無思無慮者良知之體，儻以有思慮致之，猶方底而圓蓋，必不合矣。"

杜應奎問曰：[①]"先生勉人，每曰'堯舜君民事業'，世道茫茫，如何下手?"子曰："只在此時一念。"奎曰："一念足乎?"子嘆曰："且問世間何事不成於一念，但世人極艱極險，蹈海攀崖，百死一生，各有甘心者，只堯舜君民一著皆畏難苟安，更無一人切心，又安怪夫至治之不復見於天下也?"

張鑰請教言。子曰："道也者，不可須臾離也。人於是處徹卻，則此身在天地間，從作孩提直至耄耋，與造化消息，渾成大片，道家者流，所謂呼接天根，吸通月窟，無可著揀擇，無可容迴避之地之時也。故詩云：'昊天曰明，及爾出王；昊天曰旦，及爾游衍。'所以君子必戒慎、必恐懼，正以天命之性，即上帝臨之，無敢或貳其心焉耳。不知從事乎此，而誤於事爲應迹，比擬思量，縱偶有合處，亦是遠人以爲道，而難語於純天之妙也已。"

子嘗謂門人及諸孫曰："前此諸大儒先生，其論主敬工夫，極其嚴密，而性體平常處，未見提掇，故學者往往至於拘迫。近時同志先達，

---

① 杜應奎，號西華，江西臨川人。嘉靖四十五年(1566)從羅汝芳遊，"上下周旋，歲不餘捨"。以布衣講學於白鹿、白鷺之間，鄒元標、湯顯祖皆禮敬之。雖居城市，嘗經年不出。應奎著述甚富，遭亂遺稿皆毀。羅汝芳曾爲應奎之父撰墓表。他將羅汝芳的著作編成《近溪子集》。

其論良知學脈，固爲的確，而敬畏小心處未加緊切，故學者往往無所持循。”

子謂復所楊太史起元曰：“我從千辛萬苦，走遍天下，參求師友，得此具足現成、生生不息大家儅。往往説與諸人，奈諸人未經辛苦，不即承當。今一手付與吾子，吾子篤信弗疑，安享受用，即是討便宜了。雖然創業者固艱，守成者不易，若不兢兢業業，物我共成，雖得之，必失之。古之守成業者，致盛治端，有望於吾子矣。”

子嘗謂門人曰：“予自壯及老，嘗夢經筵進講，後得楊貞復而夢不復矣。”

嘉靖甲子冬，天臺耿師①檄不佞胤儒置之留都之明道書院，勖之以聖學。時與偕者，同里東溟管子志道，②及廣德沖涵李子天植。③天植聞學久，間謂儒曰：“君試將天下事判斷了，作一聖人。”儒時有省。志道曰：“此語④未有頭腦。君連日聞師友所譚性命語，似解之而無所心會，乃獨於此語若有當焉者，何也？”儒曰：“予於所謂判斷也者，似有契焉，不知其他。”無何，近溪羅師以將入覲謁耿師，至院中徵儒所得。儒對曰：“近李生勖儒，將天下事判斷了，作一聖人，不知是否？”

---

①　耿定向（1524—1596），字在倫，又字子衡，號楚侗，人稱天臺先生。今湖北紅安人。嘉靖年間進士，官至户部尚書。期間曾因譏諷内閣大學士高拱而被貶爲横州別官。爲官清廉，政績卓著。治學本王守仁，認爲學有三關：即心即道、即事即心、慎術。與弟耿定理、耿定力一起居天臺山創設書院，講學授徒，潛心學問，合成“天臺三耿”。

②　管東溟（1536—1608），名志道，字登之，江蘇太倉人，學者稱東溟先生。明代學者，隆慶辛未進士，除南京兵部主事，改刑部。師從耿定向，著書數十萬言，大多糾合儒釋，爲晚明宣導儒、佛、道合流思潮中的代表人物之一。

③　李天植（？—1636），字性甫，號沖涵，安徽廣德人。明隆慶五年進士，歷任平陽推官、吏科給事中。因屢屢上疏針砭時弊，彈劾權貴，被貶出參饒南道。遷湖廣副使，轉四川參政，因忤上憤而辭官歸里。著述頗豐，晚年著有《禮記哀言》。

④　“此語”，底本闕，據史語所本補。

羅師曰："聖人如何去做?"志道接語曰："近承宗師面命,將此點明體,時時提醒。"羅師曰："此語近之,然如何喚作明體?"耿師曰："渠二子新入會,無門面話頭,所説皆實話。兄可點與明體,俾渠下手。"時察院門首有擊鼓報入者。羅師因鼓聲問儒曰："聞否?"儒對曰:"聞。"又問:"寐時聞否?"曰:"不聞。"又問:"若人一旦捐館時聞否?"曰:"不聞。"又問:"寐時、死時,此耳在否?"曰:"在。"羅師笑曰:"此雖近於異教家話頭,然究竟寐時、死時,此耳現在,如何不聞?看來聞者是你,便是明體。人有此而聞,有此而生,不然便是死人。今人都將耳目口體奉事,卻不將此明體照管,便是枉了此生,孟子所謂'先立乎大',①如是。"儒時悱然。耿師復顧儒曰:"從此點默識默識。"儒唯唯。

　　次日,耿師延羅師於明道書院爲會。時與會者,見麓蔡公國珍、②養旦劉公應峰、③肖謙蔡公悉、④桂巖顧公闕、⑤鶴皋周公希旦、甄山張公燧,⑥而儒與管君志道、李君天植及白下李君登、楊君希

---

①　《孟子·告子上》:"耳目之官不思,而蔽於物,物交物,則引之而已矣。心之官則思,思則得之,不思則不得也。此天之所與我者,先立乎其大者,則其小者弗能奪也。此爲大人而已矣。"

②　蔡國珍(1528—1611),字汝聘,又名見麓,江西奉新人。累遷吏部尚書,屢疏乞休,乘傳歸。家居十三年而卒,謚恭靖。國珍以舉行有名當世,著有《怡雲堂集》十卷。

③　劉應峰,字紹衡,號養旦,湖南茶陵人。明嘉靖三十五年(1556)舉進士,任南昌知縣。累官至吏部主事、郎中,遷江西參議。萬曆初,官廣西參議,遷雲南提學,所至均有賢聲。以養親致仕歸。潛研理學,建旌忠書院以培育士子。萬曆丙戌春以疾卒。著有《衡雲山集》《輔仁會規》等。

④　蔡悉(1536—1615),字士備,號肖謙,謚文毅。明南直隸廬州府合肥縣人。嘉靖三十八年進士,歷宦十七任,累官至南京尚寶司卿、太僕寺少卿。曾請立東宮,又大力陳述礦稅之害。爲官五十年,竭忠盡智,清操亮節,耿介廉明,政績卓著。萬曆三十八年(1610)進《高帝大學實錄》及《程子大學定本》等書,奉旨留覽,賜額"理學名臣",著有《書疇彝訓》《理學遺編》《大學注》等七十餘種。

⑤　顧闕(1528—1613),字子良,號桂巖,湖北蘄春人。嘉靖二十九年進士,授刑部主事,旋丁憂,後起補禮部郎中,遷福建副使。告歸後,常往來於廬山白鹿洞書院。

⑥　張甄山(1520—1593),名緒,字無意,湖北漢川人。因漢川古稱甄山,故以甄山爲號。師從明代大儒鄒守益,研習"陸王心學",屬泰州學派。嘉靖十九年庚子科進士,與首輔張居正(1525—1582)有同鄉同科之誼,歷任桐城教諭、繁昌教諭、德清縣令、南監博士、户部員外郎等職。

淳、①焦君竑、吳君自新、②金君光初、③寧國郭君忠信、吳君禮卿侍。耿師舉酒屬坐上諸公曰："僕昨遊天界寺，問寺僧行有實修者否，住持以無對。僕時回顧此寺若空。前按陝時，至一縣，縣官皆不法，僕時看此縣亦若空。今茫茫宇宙，若無一人焉擔當，則天下後世必有秦無人焉之嘆。僕今日請諸公對天發一大誓願，將天地萬物擔當一擔當，待至捐館時，滿得此願，方纔是一個人。"諸公皆曰："然然。"羅師曰："孟子當時急務，只是要正人心，僕今日只要諸公講學。"諸公又曰："然然。"臨別，羅師顧吳禮卿曰："子從宗師及予遊久，如何不見長進？"禮卿曰："不敢不勉。"羅師曰："只是講學，只是聚朋友便了。予今覷回，不見子家座上常有二三十客，便是子學不長進矣。"

又次日，儒偕太嶽楊希淳、東溟管志道輩追送羅師於江之滸，各奉杯茶。師捧茶問楊君曰："日來與諸君所譚，覺够手否？"楊君曰："有够手，有不够手。"師愀然曰："如何便不够手？如飲此茶，君送我，我酬君，已而各飲，何等不思不勉，何等從容中道，如何便不够手？"

嘉靖乙丑夏，不佞儒侍家大人斗墟府君宦撫谿。適羅師自寧國丁外艱，過谿城，宿臬司。儒往侍教，師徵儒新功。儒對曰："覺道不費些子氣力處，大有受用。"師曰："不費些子氣力極是。但孔子發憤處如何說？"儒對曰："孔子發憤，爲討此受用，故繼之曰'樂以忘

---

①　楊希淳，字道南，號虛遊，江蘇上元人，明代貢士。與李逢陽稱李、楊二子。讀書日誦千百言，爲古文，下筆立就。從唐順之遊，聲名大起，然累試皆不第。與耿定向論學，由王守仁上溯孔子。卒年四十二。有《虛遊集》四卷，又《虛遊論草》二卷。

②　吳自新（1541—1593），字伯恒，號韞庵，自號中和山人，南京江寧人，隆慶戊辰（1568）二甲進士。仕南京刑部右侍郎，有《大受禄集》。刻印過許㲄《許太常歸田稿》十卷，李澄《李陽二子遺稿》十八卷。吳自新還是明代有名的藏書家。一生嗜讀書，晚年尤好易學。嘗在府邸辟"玩易窩""萬卷樓"專爲儲存其藏書。又好薦引人才，所薦賢士大夫遍天下，爲當世所贊。

③　金光初（1538—1595），字玄予，南京江寧人。隆慶元年舉人，焦竑爲作《永平府遷安縣知縣金君玄予墓誌銘》。

憂'。"①師曰："然。吾人學問，如舟車，然車輪之發、舟帆之上，必費些力。比至中途，輪激帆揚，何須致力。"居頃之，問曰："此時心地如何？"儒對曰："覺無物。"師又曰："此便是。"頃又曰："當得帳否？"儒對曰："恐當不得帳。"師曰："然。這是光景會散。"又扣數語，師首肯曰："如子所說，都是學問脈路，想是明白，無勞多譚。只是人行我行，人歇我不歇，如是做去，五六年便熟了，便是聖人路上人了。"臨別，又囑儒曰："不肖幼學時與族兄問一親長疾。此親長亦有些志況，頗饒富，凡事如意。逮問疾時，疾已亟。見予弟兄，數嘆氣。予歸途謂族兄曰：'某俱如意，胡爲數嘆氣？兄試謂我弟兄讀書而及第，仕宦而作相，臨終時還有氣嘆否？'族兄曰：'誠恐不免。'予曰：'如此，我輩須尋個不嘆氣的事做。'予於斯時，便立定志了。吾子勉之。"

乙丑秋初，不佞儒走旴拜師素幄中，師留儒從姑晚坐。師忽問儒所得。儒對曰："近來見得無聲無臭而廣生大生，天之道也，故嘗理會無思無爲之本，使此未發發時澄澄湛湛，則隨時隨手達順將去，天地萬物有所不能違，而範圍曲成在是矣。"師曰："此亦幾於并歸一路，甚好。然有所見莫不是妄否？無思無爲之本，澄澄湛湛，莫不是著想成一光景否？亦果能時時澄湛否？隨時隨手，果能動中否？"儒時無對。師又曰："如吾子所見，則百歲後易簀時忻忻瞑矣。吾則以爲真正仲尼臨終不免嘆口氣也。"②次早，梳洗頃，師顧儒大聲曰："大丈夫須放大些志氣，莫向枯冢裏作活計！"儒大有省，而疑根則未釋也。師勸儒久住山中，儒亦眷眷不能別。

---

① 《論語·述而》："葉公問孔子於子路，子路不對。子曰：'女奚不曰，其爲人也，發憤忘食，樂以忘憂，不知老之將至云爾。'"

② 《史記·孔子世家》："孔子病，子貢請見。孔子方負杖逍遙於門，曰：'賜，汝來何其晚也？'孔子因嘆，歌曰：'太山壞乎！梁柱摧乎！哲人萎乎！'因以涕下。謂子貢曰：'天下無道久矣，莫能宗予。夏人殯於東階，周人於西階，殷人兩柱間。昨暮予夢坐奠兩柱之間，予始殷人也。'後七日卒。"

在川黄君謁師從姑，晤儒詢新功，儒曰："年來理會吾無思無爲之本，覺不費些子氣力，而老師不許，何也？"黄君曰："予向來用功，亦多如此。邇見老師，以爲終難成就。"俄而永新莘田蔣君廣亦來叩儒，儒答如前。蔣君曰："此在閑道人或可，若要做頂天立地大漢子，恐別有説。"翌日，儒獨晤蔣君於蟾窟之上，蔣以所聞於師者爲儒悉之，且講《孟子》"居廣居、行大道、立正位"章大義，①又曰："人言近老之學類禪，此不知近老者。近老之言，間引夫禪，而近老之學，真正孔子脈路，斷斷不差。渠嘗曰'做人莫喫人現成茶飯，須造茶飯與人喫'，有味哉，言之也！且近老甚有意於君，君莫負之。"儒因蔣君言，遂思師所云孔子臨終嘆氣也者，悱然會心，即舉以語黄君。黄君曰："子近因老師頓挫數番，亦覺有省，昔人云'昨夜窗前看明月，曉來不是日頭紅'，予平生汲汲爲學，非見老師，幾枉過此生。"

師在從姑，謂諸生曰："諸友爲學，須要立個必爲聖人之志，時時刻刻用工，後日方有成就。若只茫茫蕩蕩度日，豈不惜哉！"

師謂黄君元吉曰："古今學者皆曉得去做聖人，而不曉得聖人即是自己，故往往去尋個作聖門路，殊不知門路一尋，則去聖萬里矣！"

師嘗曰："人能體仁，則欲自制。《傳》曰'太陽一照，魍魎潛消'②是矣。若云克去己私，是原憲宗旨③不是孔顔宗旨。蓋孔氏求仁，其直指名仁，惟曰'仁者人也'，夫己非所謂仁耶？劉師泉説顔子

---

①　《孟子・滕文公下》："居天下之廣居，立天下之正位，行天下之大道。得志與民由之，不得志獨行其道。富貴不能淫，貧賤不能移，威武不能屈。此之謂大丈夫。"

②　王陽明《傳習錄》卷中："區區所論致知二字，乃是孔門正法眼藏，於此見得真的，直是建諸天地而不悖，質諸鬼神而無疑，考諸三王而不謬，百世以俟聖人而不惑。知此者……如太陽一出，而鬼魅魍魎自無所逃其形矣。"

③　《論語・憲問》："憲問恥。子曰：'邦有道，穀；邦無道，穀，恥也。''克、伐、怨、欲不行焉，可以爲仁矣？'子曰：'可以爲難矣，仁則吾不知也。'"

博約，①重二'我'字。②夫我獨非己耶？今有將'克己''己'字，必欲守定舊解，殊不知認'己'字一錯，則遍地荊榛，令人何處安身而立命也？"

懷蘇錢禮部問曰："《定性書》與'先識仁'③宗旨同否？"
師曰："孔門之教，主於求仁，程伯子以'識仁'為學者所先，最為確論，然須大公順應，方是克己全功，則'定性'之言與'識仁'之論正互相發明者也。"

姑山，師友朝食頃，與坐者思泉黃君乾亨、文塘黎君輩凡十餘人。不佞儒曰："吾儕十餘人，今日在此聞學，他日無分窮達，能為十餘路福星，庶幾哉不負師訓也。"師曰："是不難。如子一人能孚十友，十友各孚十友，百人矣；百友各孚十友，千人矣；由千而萬而億，達之四海，運掌也。"④

師嘗曰："學問須要平易近情，不可著手太重，如粗茶淡飯隨時遣日，心既不勞，事亦可了，久久成熟，自然有悟。蓋此理在日用間，原非深遠，而工夫次第亦難以急迫而成。學能如是，雖無速化之妙，卻有雋永之味也。"

師曰："學問原有兩路，以用功為先者，意念有個存主，言動有個執持，不惟己可自考，亦且眾共見聞；若性地為先，則言動即是現在，

---

① "師"底本作"獅"，誤，據《明儒學案》卷十九《江右王門學案四·同知劉師泉先生邦采》作"師"。劉師泉，字君亮，號師泉，吉安府安福人，"王門七派"中江右學派的代表人物之一。初為邑諸生，以做"聖人"為志向。與同學劉曉、劉文敏等先後受業於王守仁。嘉靖七年（1528）舉人，授壽寧教諭，遷嘉興府同知。嘉靖十三年鄒守益以同子祭酒致仕歸，與之共建復古、連山、復貞諸書院。

② 《論語·子罕》："顏淵喟然嘆曰：'仰之彌高，鑽之彌堅；瞻之在前，忽焉在後。夫子循循然善誘人，博我以文，約我以禮。欲罷不能，既竭吾才，如有所立卓爾。雖欲從之，末由也已。'"

③ 《定性書》是程顥回答張載問如何定性的一封回信，為明道哲學最為重要的代表作之一，討論主體為如何在應物中保持內心定靜不亂。《識仁篇》主題為程顥與呂大臨論萬物一體之仁如何涵養的問題。

④ 《孟子·梁惠王上》："老吾老，以及人之老；幼吾幼，以及人之幼。天下可運於掌。"

且須更加平淡，意念亦尚安閑，尤忌有所做作，豈獨人難測其淺深，即已亦無從驗其長益。縱是有志之士，亦不免捨此而趨彼矣。然明眼見之則真假易辨也。”

師遊姑山之一綫天，思泉黃君、文塘黎君及儒輩偕。師仰見天光，呼儒而語之曰：“吾輩今日之學，須從天地未闢之先、吾身未生之先，而溯極於先而無先，自一氣太息震蕩之後、此身托木銷化之後，而要極於後而無後，開大眼孔，放大心胸，看看始得。”儒曰：“唯唯。”黃君俯而思，師笑曰：“纔一佇思，劍去久矣。”

師獨坐姑山之雙玉樓，不佞儒侍，師忽問曰：“如何爲先立乎大？”儒對曰：“萬物皆備於我矣。”又問：“如何作用？”儒對曰：“明明德於天下。”師喜，又問：“作用次第如何？”儒對曰：“老吾老及人之老，長吾長及人之長，幼吾幼及人之幼。孔子所謂‘老安，少懷，朋友信’①是矣。”師曰：“然然。”

次日，相攜山遊，高下躋陟頃。師邊問曰：“赤子不慮而知之知，與聖人不思而得之知，吾子今何似？”儒對曰：“只此應師之知便是。”又問曰：“有思慮否？”對曰：“無。”又曰：“能終無思慮否？”對曰：“往者不追，來者不逆。”又曰：“當下何如？”曰：“平平地。”又曰：“忽不平平地，如何？”曰：“平平地。”

已而思泉黃君、太湖南沙羅君以禮亦至。師迎謂曰：“日與曹子幾番問證，似能先立乎大。”儒對曰：“荷師口生。”師曰：“然然。子令尊、令堂，生子僅七尺已耳，予生子，彌宇宙身矣。”

丙寅春正，儒自金谿謁師於姑山之長春閣。師問曰：“近日工夫，都够手否？”儒對曰：“不敢言够手，但不敢歇手。”師曰：“不歇手便够

---

① 《論語·公冶長》：子路曰：“願聞子之志。”子曰：“老者安之，朋友信之，少者懷之。”

手了，然亦有時忘否？"對曰："正苦不能渾然忘耳。"曰："不能渾然忘者，何也？"對曰："憧憧爲擾，而頻覺照也。"曰："何以處之？"對曰："覺了亦自融得。"曰："此等憧憧，日間多否？"對曰："多。"曰："覺了便多了。"顧謂鑒湖寧君詮曰："不覺底便道少。"儒時竦然汗也。

迨夕，師與儒輩同宿禪床，師雞鳴起坐，儒輩亦起坐，忽聞群僧誦《圓覺經》，至所謂"夢幻"云者，師問儒曰："夢幻之云，雖梵書語，亦曾理會否？"儒對曰："即空中之花，由瞪目而生，空實無花也。"曰："此語果何所指？"對曰："凡一切世界，以暨心思，皆是也。"曰："如此，則子之世界、心思，皆能無有耶？"對曰："亦自了然，第未易消融耳。"安慶任齋朱君鈞字秉重者，從傍捷出曰："但我出頭，他自不能勝。"師嘆曰："此皆空花語也，且曹子亦會翻帳，屢言不悟，難悟也哉？夫一切世界，皆我自生，豈得又謂有他？若見有他，即有對，有對即有執，對執既滯，則愈攻而愈亂矣。能覺一切是我，則立地出頭，自他既無，執滯俱化，是謂自目不瞪，空原無花也。"儒大有省，因下榻拜謝，起謂朱君曰："可謂消我顛倒想矣。"師亟曰："未未。子將古人何語印證？試速道來。"儒即對曰："語有之，'能己復禮爲仁'。"師曰："子今得爲君子儒也已。"儒舊字醇夫，師因改字汝爲，即於燈下撰字說一通，中有"神龍淵潛，罔可窺睹"及其"乘虛馭雲，施及六合"，已而"霄晴雨歇，了無纖踪"諸語。書畢授儒，笑曰："非予好爲侈語，此字說有如符印然，將此學一手交付與子矣。勉之勉之！"

次日，師攜諸生，過師之泗石溪別墅，儒與思泉黃君、文塘黎君、南沙羅君、心文王君潛侍。儒問曰："雙江聶先生所謂'歸寂'者，①何

① 聶豹（1487—1563），江右學派代表之一。字文蔚，號雙江，江西永豐人。正德十二年（1517）進士，官至太子太保。推崇王陽明的"致良知"學說，自稱弟子。他推崇王守仁的"良知是未發之中，廓然大公的本體"之說（見《困辯錄·辯誠》）。但對王守仁的良知說多有修正，強調良知本寂而非現成。其晚年主"歸寂"說，認爲"心"本爲靜默的"寂體"，"心主乎內，應於外而後有外；外其影也，不可以其外應者爲心而遂求心於外也。"（《明儒學案·雙江論學書》）傾向周敦頤"主靜"說，主張從"寂""靜"入手，通過"動靜無心，內外兩忘"的涵養工夫，以達到"良知"。

謂也?”師曰:“此‘主静’之别名也。”儒曰:“此等工夫何如?”師曰:“究竟此等工夫還是多了,然在初學或未可少。”羅君曰:“與‘顧諟’之説如何?”[1]師曰:“頗同。”王君曰:“與止觀之旨如何?”[2]師曰:“亦似。”師因曰:“此等工夫雖同,然在學者深淺,各有不同,須得一明師,隨材隨時指點,始得不謬。”

有客偶舉此里之人有爲鬼所祟者。

儒曰:“人能爲學做個人,雖上帝無能違焉。苟徒事於小,木魅花妖,誰何之矣。”師曰:“此《灌夫傳》所謂千金良藥也。”

諸生聽之。師因雜閲諸名公文集,多不快心,隨午饌畢,衆意熙洽。師嘆曰:“善哉!程伯子之語‘識仁’也,謂‘識得此意,不須防檢,不須窮索’。[3]彼豈務作侈語耶?良由直見天地萬物渾然一體,故曰‘大不足以名之’。若反身未誠,猶是有二,以己合彼,終未有之,又安得樂?故學者果能識得,誠自己誠,己外無誠;妄由己生,己外無妄,則一是百是,而存養省治,方是把柄在手。即如今日吾儕合志同方,徐徐而食,食畢而起,且坐且談,莫非本體,亦莫非工夫,固無善狀,亦無過舉,又何彼己之可分,而真妄之可辨哉?時時如此透徹,便是萬物我備,便是學以致道,即此‘學’字,殆亦從人强名之耳。”因顧儒曰:“予平生不作語録,因與子兩番議論,今寓筆矣。”良久,復曰:“筆踪若行,人庶有省者乎!”儒拱立曰:“師若不留筆踪,不能親炙吾師者,何由自淑?”師頷之曰:“坐。”

---

① 《尚書・太甲上》:“先王顧諟天之明命,以承上下神祇。”孔安國傳:“顧謂常目在之,諟,是也。言敬奉天命,以承順天地。”孔穎達疏:“《説文》云:顧,還視也。諟與是,古今之字異,故變文爲是也。言先王每有所行,必還回視是天之明命。”後以“顧諟”指敬奉、稟順天命。《大學》引到《太甲》此句:“《康誥》曰:‘克明德。’《太甲》曰:‘顧諟天之明命。’《帝典》曰:‘克明峻德。’皆自明也。”

② 止觀:佛教用語。止觀是修習定慧之方,是天台宗最重要的修行法門。止是停止、止息的意思,停止一切心念而住於無念之中,也就是摒除一切的妄想,令生正定的智慧。觀是觀想、貫穿的意思,息滅散亂的妄想之後,進一步觀想諸法,以發真智,徹悟諸法實相的本體。

③ 《識仁篇》:“學者須先識仁。仁者,渾然與物同體,義、禮、智、信皆仁也。識得此理,以誠敬存之而已,不須防檢,不須窮索。”

師嘗曰:"'性相近也,習相遠也',①相遠原起於習,習則原出於人,今卻以不善委爲氣質之性,則不善之過,天當任之矣,豈不冤哉?"又曰:"性善一著,是聖凡之關,只一見性善,便凡夫而立地成聖矣。孔子以後,惟孟子一人,直截透露,其他混帳,則十人而九。此不是他肯自放過,蓋此處千重鐵壁,若非真正捨死拼生一段精神,決未許草率透過也。"

或謂:此性各在當人,稍有識者,誰不能知?況我平生最用力於此,自意亦頗能知,但有時見,有時不見,有時持,有時忘之,不能恒常不失耳。

師曰:"君言知性如此之易,此性之所以難知也。大約吾人用功,須以聖賢格言爲主,不見孟子之論知性,必先之以'盡其心者知其性也',苟心不能盡,則性不可知也;又謂"知其性則知天矣",故天未深知,則性亦不可爲知也。②君試反而思之,果如古聖賢,既竭心思,而天聰明之盡矣乎? 今時受用,果許得如《中庸》'天下至誠,爲能知天地之化育矣'乎?③即不論心思聰明之難盡、天地化育之難知,且如陸象山接見傅生暐,驚嘆其面目殊常,神采煥發,問之,果夜來於仁體有悟。④故此性惟不能知,若果知時,便骨肉皮毛,渾身透亮,河山草樹,大地回春。如人驟入寶所,則色色奇珍,隨取隨足,或爲夜光而無所

---

① 《論語·陽貨》:"子曰:'性相近也,習相遠也。'"
② 《孟子·盡心上》:"盡其心者,知其性也。知其性,則知天矣。存其心,養其性,所以事天也。夭壽不貳,修身以俟之,所以立命也。"
③ 《中庸》:"唯天下至誠,爲能盡其性;能盡其性,則能盡人之性;能盡人之性,則能盡物之性;能盡物之性,則可以贊天地之化育;可以贊天地之化育,則可以與天地參矣。"
④ 孫奇逢《孫徵君日譜錄存》卷三三(清光緒十一年刻本)亦曰"學須變化氣質,不到變化氣質,終非深造自得之君子也。《大學》曰'德潤身''心寬體胖',《孟子》'根心生色,睟面盎背'。夫子論成人曰智廉勇藝,文之以禮樂。夫智廉各具一節,以禮樂文之,則無智廉之名而渾一中和之德,所謂充實而光輝,大而化之境地也。踐形盡性之聖人,全體靈通,光昭百世,後之學者有一分得力,則有一分變化。陸象山一接傅士暐,深訝面目殊常。孟我疆從衆見耿楚侗,楚侗獨接我疆,留曰:'君何氣象之超群乎?'此皆學之明效大驗也,謂氣質終不可變者,困而不學者也。""傅生暐"這裡作"傅士暐"。

不照，或爲如意而無所不生，安有見不能常、持不能久之弊？苟仍前只是舊日境界，我知其必然未曾有知也已。”

師曰：“《易》云‘極深研幾’，①‘窮神知化’，②俱是因此知體難得圓通，故不得不加許多氣力，不得不用許大精神。今學者纔理會不通，便容易把個字眼來替，只圖將就作解，豈料錯過到底也？要之，欲明此事，必先遇人。僕至冥頑，於世情一無所了，但心性工夫卻是四五十年分毫不改。蓋緣起初參得人真，遇得又早，故於天地人物，神理根源，直截不留疑惑，所以擡頭舉目，渾全只是知體著見；啓口容聲，纖悉盡是知體發揮，更無幫湊，更無假借。雖聽者未必允從，而吾言實相通貫也。惟願會中大衆共堅一心、共竭一力，心堅力竭則不患不通一個真知，不患不成一個大聖矣！”

問：“人有生知、學知、困知之別，③今説不待培養，恐此惟生知乃能。”

師曰：“知有兩樣，有本諸德性者，有出諸覺悟者。此三個‘知’字，當屬覺悟上看，至於三個‘知之’的‘之’字，卻當屬之德性。蓋良知良能，原是人人具足，個個圓成。然雖聖人亦必待感觸覺悟，方纔受用得。但以其覺悟之速，便象生成使然。其次，則稍稍遲緩，故有三等不同。至謂‘及其知之一也’，則所知的德性，皆是不待學而能，不待慮而知，困知生知，更無毫髮不同。後世因此‘知’字不明，遂於德性作疑，說有氣質之雜，而孟氏性善之言，更無一人信得過。縱去學問，亦如導泉無源、植樹無根，徒勞心力耳。”

---

①　《周易・繫辭傳上》：“夫易，聖人之所以極深而研幾也。唯深也，故能通天下之志。唯幾也，故能成天下之務。唯神也，故不疾而速，不行而至。”

②　《周易・繫辭傳上》：“尺蠖之屈，以求信也。龍蛇之蟄，以存身也。精義入神，以致用也。利用安身，以崇德也。過此以往，未之或知也。窮神知化，德之盛也。”

③　《中庸》：“或生而知之，或學而知之，或困而知之，及其知之，一也；或安而行之，或利而行之，或勉强而行之，及其成功，一也。”

問："'由仁義行,非行仁義'①是聖人事,學者必須從'行仁義'處起手乃可?"

師曰:"此是兩種學問,如商旅路途,一往南行,一往北走,難説出門時且先②向南,然後又迴轉向北也。"

曰:"學須是由勉而安,恐人非生知,難遽語此。"

曰:"後世學術不明,只在此處混帳。蓋'行仁義'與'由仁義行'是南北分歧處,由勉而安是程途遠近處;'行仁義'有行仁義的安勉,'由仁義行'亦自有'由仁義行'的安勉。"

又曰:"今日出門一步,即從不慮不學處著腳趨向,尚且頭頭都是難事,節節都要精專,竭盡生平,方得渾化。若更從外面比仿修爲,徇象執迹,出門一步,已與良知良能之體不啻冰炭,儻做得閑熟一分,③則去真心日遠一分,做得成了家僮,即如天淵之不相及矣! 將以學聖而反至背聖,將以盡心而反至違心,惜哉!"

師曰:"聖人所以異於人者,以所開眼目不同,故隨時隨處皆是此體流動充塞,一切百姓則曰莫不日用,④鳶飛魚躍則曰察於上下,⑤庭前草色則曰生意一般,⑥更不見有一毫分別。所以謂'人皆可以爲堯舜','吾非斯人之徒而誰與也'。⑦我輩與同類之人,親疏美惡,已自不勝隔越,又安望其察道妙於鳶魚、通意思於庭草哉? 且出門即有礙,

---

① 《孟子・離婁下》:"人之所以異於禽獸者幾希,庶民去之,君子存之。舜明於庶物,察於人倫,由仁義行,非行仁義也。"

② "先",底本無,據《一貫編》《明道録》補。

③ "不啻冰炭,儻做得閑熟一分",《明道録》《一貫編》作"不啻冰之與炭,做得閑熟一分"。

④ 《周易・繫辭傳上》:"一陰一陽之謂道,繼之者善也,成之者性也。仁者見之謂之仁,知者見之謂之知。百姓日用而不知,故君子之道鮮矣。"

⑤ 《中庸》:"君子之道費而隱。夫婦之愚,可以與知焉,及其至也,雖聖人亦有所不知焉;夫婦之不肖,可以能行焉,及其至也,雖聖人亦有所不能焉。天地之大也,人猶有所憾,故君子語大,天下莫能載焉;語小,天下莫能破焉。《詩》云:'鳶飛戾天,魚躍於淵。'言其上下察也。君子之道,造端乎夫婦,及其至也,察乎天地。"

⑥ 《二程遺書》卷二下:"周茂叔窗前草不除去。問之,云:'與自家意思一般。'"

⑦ 《論語・微子》:"鳥獸不可與同群,吾非斯人之徒與而誰與? 天下有道,丘不與易也。"

胸次多冰炭，徒亦自苦生平耳。豈若聖賢坦蕩蕩，何等受用，何等快活也！"

師在山中，嘗語人曰："不肖之爲人也，嗜好不他著，精神不他費，惟是此學以繫命根，將《語》《孟》《學》《庸》以及《易經》悉滌塵埃，晶光天日，三十年來，穿衣喫飯終日雖住人寰，注意安身，頃刻不離聖域，是以披瀝天心，號呼世夢中，或觸怒生嗔，萬死而終不迴避也。"

《識仁編》師曰："昔夫子告子路以生死矣，第曰'知生'；告子路以人鬼矣，第曰'事人'。①蓋謂死莫非生而鬼無非人也。夫知死無非生則古即今，今即古，而萬世斯一矣；鬼無非人，則明亦幽，幽亦明，而三才始統矣。人能以無上最貴之靈、生生之德，而統三才、一萬世，則盈天地間固皆我之心神，亦皆我之形骸也已。"

問："晦庵先生謂'由良知而充之，以至無所不知；由良能而充之，以至無所不能，方是大人不失赤子之心'。②此意如何？"

師曰："若有不知，豈得謂之良知？若有不能，豈得謂之良能？故自赤子即已無所不知、無所不能也。"

於是坐中諸友競求赤子無所不知、無所不能，而竟莫得其實，乃命靜坐歌詩，偶及於'萬紫千紅總是春'③之句，師因憮然嘆曰："諸君知紅紫之皆春，則知赤子之皆知能矣。蓋天之春見於花草之間，而人

---

① 《論語·先進》："季路問事鬼神。子曰：'未能事人，焉能事鬼？'敢問死。曰：'未知生，焉知死？'"

② 《孟子章句集注·離婁下》注曰："大人之心，通達萬變；赤子之心，則純一無僞而已。然大人之所以爲大人，正以其不爲物誘，而有以全其純一無僞之本然。是以擴而充之，則無所不知，無所不能，而極其大也。"

③ 語出自朱熹《春日》詩："勝日尋芳泗水濱，無邊光景一時新。等閑識得東風面，萬紫千紅總是春。"

之性見於視聽之際。今試抱赤子而弄之，人從左呼，則目即盼左，人從右呼，則目即盼右。其耳蓋無時而不聽，其目蓋無處而不盼。其聽其盼，蓋無時無處而不展轉，則豈非無時無處而無所不知能哉？"諸友咸躍然起曰："先生其識得春風面者矣，何俄頃之際，而使萬紫千紅之皆春也！"

問："今時譚學皆有宗旨，而先生獨無，何也？"

師曰："此時我問子答，是知能之良否？"

曰："是知能之良也。"

曰："此個問答要學慮否？"

曰："不要慮，不要學也。"

曰："如此以爲宗旨，儘是的確，而君以爲獨無，何也？"

問："近聞先生論天命之性，見得此身隨處皆天，豈不快暢？"

師曰："子若如此理會，是謂之失，而非所謂得也。"

曰："如何卻反是失？"

曰："汝既曉得無時無處不是天命，則天命所在即生死禍福之所在也。不知悚然生些戒懼，卻是佟然謂可順適，則天命一言，反作汝之狂藥也已。"

師嘗語會衆曰："孔門學習只一'時'字，'時'則平平無奇而了無造作，'時'則常常如初而更無分別。入居靜室而不異廣庭，出宰事爲而如對經史，煩囂既遠，趣味漸深，如是則坐愈靜而意愈閑，靜愈久而神愈會矣。"

師嘗曰："心爲身主，身爲神舍，身心二端，原樂於會合，苦於支離。故赤子孩提忻忻然常是歡笑，蓋其時身心猶相凝聚。而少少長成，心思雜亂，便愁苦難當了也。世人於此隨俗習非，往往馳求外物，以圖遂安樂。不想外求愈多，中懷愈苦，甚至老死不能回頭。惟是善根宿植、慧目素清的人，他卻自然會尋轉路，曉夜皇皇，如饑餓想食、[1]凍露索衣，悲悲切切於欲轉難轉之間，或聽好人半句言語，或見古先一段訓辭，時則憬然有個悟處。方知大道只在此身，此身渾是赤子。又信赤子原解知能，知能本非慮學。至是精神自來貼體，方寸頓覺虛明，如男女媾精以爲胎，果仁沾土而成種，生氣津津，靈機隱隱，云是造化而造化不以爲功，認爲人力而人力殆難至是也。”

師嘗語門人及子侄輩曰：“予三十年來，此道喫緊關心，夜分方得合眼，旋復惺惺，耳聽雞喔，未知何日得安枕也。”又曰：“予初學道時，每清晝長夜，只揮淚自苦，此等境界予固難與人言，人亦莫之能知也。”

丙寅，儒將自溪返吳，詣旴辭師。師曰：“予有數語，贈吾子行。”索紙書曰：“嗣乾、坤而卦者曰‘屯’，《易》曰‘屯也者，物之始生也’，[2]始生必蒙。屯之文曰‘利建侯’，[3]‘我求童蒙’也。故曰‘君子以經綸’，[4]又曰‘童蒙求我’，‘利居貞’也，[5]亦曰‘包蒙，吉’。[6]於是以貴下賤則得民，[7]於是受以需則光亨。[8]世之大不幸，只在無學，上下瞶瞶，爲屯爲否。君子者，以躬參贊，以極昌耀，傾否、亨屯之責寄焉，故曰‘物不可以終否，受之以同人’。”[9]

---

① “饑餓想食”，《近溪子集》作“如饑孳想食”。
② 《周易·序卦傳》：“屯者，盈也；屯者，物之始生也；物生必蒙，故受之以蒙。”
③ 《周易·屯》卦辭：“元亨，利貞，勿用有攸往，利建侯”，“初九：盤桓；利居貞，利建侯”。
④ 《周易·屯·大象傳》：“雲雷，屯，君子以經綸。”
⑤ 《周易·蒙》：“蒙：亨。匪我求童蒙，童蒙求我。初筮告，再三瀆，瀆則不告。利貞。”
⑥ 《周易·蒙》：“九二：包蒙吉；納婦吉；子克家。”
⑦ 《周易·屯·初九象傳》：“雖盤桓，志行正也。以貴下賤，大得民也。”
⑧ 《周易·需》：“需：有孚，光亨，貞吉。利涉大川。”
⑨ 《周易·序卦傳》：“物不可以終否，故受之以同人。”

萬曆癸酉，師應詔起，復過留都，儒時遊辟雍，謁師江干。留都諸縉紳畢集，儒與澹園焦君、秋潭翟君及秋官大夫卓吾李公、①乾齋甘公俱。師詢儒新功。儒對曰：“力量淺劣，然吾師分授家事，不敢不領受支持。”師笑曰：“予分授家事何如？”儒曰：“天地萬物為一體，使天地萬物各得其所為極致，所謂大學，所謂明明德於天下，是吾師之門堂閫域；老吾老及人之老，幼吾幼及人之幼，所謂仁義之實，所謂道邇事易，是吾師之日用事物；赤子不慮之良知、不學之良能，與聖人之不思不勉，天道之莫為莫致，是吾師之運用精神。”師笑曰：“予雖無如許層折，然大段亦得，吾子勉之。”儒對曰：“不敢不勉。”

卓吾李君曰：“《大學》一書，專言大人之學，雖庶人亦未嘗不明明德於天下，此則吾夫子獨得之學，千古聖人之不能同者。且聖人之所謂人，千萬世之天下，合為一人之人者也。予謂吾夫子欲明明德於萬世，非止一時之天下已也。”師曰：“然然。”

一夕，卓吾公論西方净土甚詳。師笑曰：“南方、北方、東方，獨無净土耶？”卓吾默默，衆亦默然，久之寂無嘩者。師曰：“即此便是净土，諸君信得及否？”有頃，卓老徐曰：“不佞終當披剃。”師顧儒曰：“此意何如？”儒對曰：“章甫而能仁，②緇錫而素王，③今人多未識得。”師曰：“然然。”

淮南龍淮王君典問：“如何方能為聖賢？”

師曰：“今世上千百萬人，難得一二個思為聖賢，及講求作聖之方，輒復草草。如討論幾場事物，貫串幾段經書，便云是明理要；如執

---

① 李贄（1527—1602），字宏甫，號卓吾，福建晋江人。嘉靖三十一年（1552）舉人。歷任國子監博士、刑部員外郎、姚安知府等。因不滿官場黑暗，憤而去職。後因抨擊孔子和程朱理學而被捕入獄，迫害致死。著有《焚書》《續焚書》《藏書》《續藏書》《史綱評要》等。

② 章甫：儒服，指儒者。《禮記·儒行》：“丘少居魯，衣逢掖之衣；長居宋，冠章甫之冠。”

③ 緇錫：指僧人所用緇衣錫杖，此借指僧人。

持一點念頭，滯著方寸胸襟，便云是存心體。至於威儀行止以仿佛儒先動履，靜坐端凝以希圖聖神境界，及至終無成就，反咎聖爲絶學，卻不思起初種子一差，末後有何結果？此止之不可不知，而學之不可不大有以也。”

乾齋甘公問：“念庵先生不信當下，①其見云何？”

師曰：“除卻當下，便無下手，當下何可不信？”

甘曰：“今人冒認當下，便是聖賢，及稽其當下，多不聖賢。此念庵先生所以不信也。”

師曰：“當下固難盡信，然亦不可不信。如當下是怵惕惻隱之心，此不可不信者也；當下是納交要譽之心，此不可盡信者也。不可不信而不信之，則不識本體，此其所以不著察；不可盡信而苟信之，則冒認本體，此其所以無忌憚也。善學者，在審其幾而已。”

甘曰：“怵惕惻隱，便是聖賢否？”

師曰：“此是聖體，擴而充之，便是聖賢。”

請問：“何以擴充？”

師曰：“有所不忍，達之於其所忍，擴充之功也。若只見得怵惕惻隱之端，而不加擴充之功，亦只是閃電光，而難以語於太陽照也已。”

乾齋公問：“靜而存養此心，動而體察成法，如此用功，可得不偏否？”

師曰：“未可如此分別。蓋隨動隨靜，皆是本心，皆當完養。但完養之法，不可只任自己意思，須時刻警醒，必果無愧古之至聖。如孟子姑捨群賢三聖，以願學孔子，夫豈能親見孔子面耶？只是時時刻刻，將自己心腸，與經書遺言精神查對，用力堅久，則或見自己本心，

---

　　①　羅洪先（1504—1564），字達夫，號念庵，江西吉水人。嘉靖八年（1529）進士，授翰林院修撰。一生安貧樂道。私淑王守仁，常與鄒守益等切磋學問。

偶合古聖賢同然處，往往常多，然細微曲折，必須印證過後，乃更無弊。若初學下手，則必須一一遵守，就是覺得古聖經書於自心未穩，且當虛懷，質正師友，決不可率意斷判，以流於猖狂自恣之歸也。」

　　鹽城自泉孟君一元問：「致中和，其義何如？」

　　師曰：「聖賢學術，須先見得大處。即如今時見人，氣象從容，應事妥貼，亦有目爲中和者，此則僅足善其一己，而天下國家，未必推行得去。故《大學》《中庸》開口便說個天下，正欲恢擴吾儕器局，聯屬天下以成其身。中則爲大中，和則爲太和，非是尋常小小家數。蓋其根原則自慎獨中來，所謂慎獨者，正是出類拔萃，頂天立地，卓然一身於天地間也。如此志願以爲工夫，如此工夫以畢志願，則天地萬物渾爲一體。當其喜怒哀樂未施設作用時，其體段精神已包涵無外，天下事幾皆從其中妙應，而爲天下大本也；當發用施設時，則一怒或可以安天下之民，一喜或可以造天下之福，中間節目，皆足以和平天下，而爲天下之達道也。故以天下大本形容慎獨聖人，其中藏原非小可；以天下達道形容慎獨聖人，其發用無不貫通處也。中和致極如此，果是包含遍覆。『大哉聖人之道！洋洋乎發育萬物，峻極於天矣』。」

　　師問儒曰：「聞春臺蔡太守在貴府聯友講學甚善，[1]第其語意，何所提倡？」

　　儒對曰：「蔡公祖在會上常舉『子曰：當仁不讓於師』，此『當』字如吳下當里役、當粮役之『當』，有役須當。願會中諸君子，將仁當一當也。」

　　師曰：「此真夫子喫緊爲人語也，然未易識得。蓋夫子此語出口之時，將上下天地、往來古今、彼此人物，一齊勘破，一齊推倒，露無我無人之法體，發統天先天之眇論也。試繹思之，方覺有味。」

----

① 蔡國熙，字春臺，河北永年人，明代理學名家。歷任户部主事、蘇州知府、蘇松兵備道副使、山西督學、固原兵備，一生居官廉潔，清貧自持。

山陽楊君憶孟問：“如何爲‘天命之性’，如何爲‘天地萬物一體’？”

師曰：“夫‘四時百物’①皆天矣，奚復於吾人而外之？‘出王游衍’②皆天矣，又奚復於此心而疑之？故《中庸》以天之命爲人之性，謂人之性即天之命，而合一莫測者也。諦觀今人意態，天將風霾則懊惱悶甚，天若開霽則快爽殊常。至形氣亦然：遇曉則天下之耳目與日而俱張，際暝則天下之耳目與日而俱閉。雖欲二之，誰得而二之也哉？夫天道幽渺，其不已不離，原不假言説。而吾夫子首發明之，以作《中庸》張本者，蓋欲吾人識知天不離人，人不異天，則一切謀慮、一切云爲，儼然上帝臨之，即隱而見，即微而顯，戒謹恐懼而莫敢邪妄，庶感人心於和平，風世俗以淳厚，而王道蕩平之化可以‘會其有極’‘歸其有極’③也已。噫！聖賢之慈憫吾人也，意亦至矣哉！”

坐中有問：“愚聞天下之道皆從悟入，常觀同志前輩，談論良知本體，玄微超脱，夷考其作用，殊不得力，何也？”

師曰：“吾儒之學，原宗孔孟，今《論》《孟》之書具在，原未嘗專以玄微超脱爲訓。然其謹言慎行，明物察倫，自能不滯形迹、妙入聖神者，原自《大學》之格致、《中庸》之性道中來也。蓋物格以致其知，知方實落；達道以顯其性，性乃平常。此個學脈，最是聖狂緊關，學者不可不畜鑒而敬擇也。”

坐中又有問如何識仁者，師曰：“仁者，天地之生德，活潑潑地，昭著心目，苟一加察，即真機現前，仁識而天地萬物自在其中矣。如見入井而怵惕惻隱，則我與孺子原如手之捫足、唇之護齒，又焉有二體哉！”

① 《論語·陽貨》：“子曰：‘予欲無言。’子貢曰：‘子如不言，則小子何述焉？’子曰：‘天何言哉？四時行焉，百物生焉，天何言哉！’”

② 《詩經·大雅·板》：“敬天之怒，無敢戲豫。敬天之渝，無敢馳驅。昊天曰明，及爾出王。昊天曰旦，及爾游衍。”

③ 《尚書·洪範》“五、皇極”：“無偏無黨，王道蕩蕩；無黨無偏，王道平平；無反無側，王道正直。會其有極，歸其有極。”

萬曆戊寅，師自燕歸，道吳門，過儒廬時，淮安梁君兆明隨侍，談頃。

師問儒曰："子於吾言，俱能够手否？"

對曰："蒙師指示，於日用間不見够手，亦不見不够手，第一念耿耿在。"

師曰："云何耿耿？"

對曰："人己感通之間頗難，昔人云'學然後知不足，教然後知困'，①果非虛語，用是耿耿。"

師撫掌笑曰："吾子原師耿楚侗，耿耿固宜。"已而正色曰："只此耿耿，乾坤之所以不毀者在是。堯舜之兢業、孔子之憂憤而不知老，無非此意，吾子勉之。"

對曰："不敢不勉。"

師曰："可以行矣。"

儒强夕焉。次蚤師命駕，儒追送吳江之南，師止儒，因夜坐語至宵分，凡平日之所引而未發者，多爲儒發之。及曙乃別，師曰："此學不易，吾子好爲之，毋忘昨一宵之言。"

萬曆中，師從弟汝貞分訓吳江，數爲儒言師生平行實，參以儒所見聞，覈以師之狀誌次第，其略附記之。

師生於正德乙亥，迨丁丑，甫三歲，獨坐火圍邊，俟母寧安人未至而哭，父前峰抱之，②哭止，隨思曰："均此一身心，何苦樂倏異也！"展轉追思，未明其故。五歲，安人授《孝經》，群僕故亂其誦，怒甚，忽自笑告安人曰："兒纔發怒，頗覺難轉，人言腹中諸臟會橫，果然。"安人異之。師初就口食，每食畏近葷腥，惟嗜蔬茗，稍以他物進則不悅。父母憐其弱，爲灼艾治之，而未覺其出自性生也。

七歲，入鄉學，即以孔聖爲的，時時稱說《孝經》。十有五，從新城

---

① 《禮記·學記》："是故學然後知不足。教然後知困，知不足然後能自反也，知困然後能自强也。"

② 羅錦（1490—1565），號前峰，羅汝芳之父。

洎水張先生受學，①張事母孝，每教人力追古先。師讀《論語》諸書有省，毅然以興起斯道爲己任。偶同弟汝順、汝初、汝貞夜坐，問曰："有一心事，試語汝輩。今予世事方動倪端，設命緣輻輳，中個狀會，進升宰輔，晝錦歸閑，如是壽考告終，汝兄可泰然以蓋棺否？""恐不能矣。"汝貞竦然且曰："迄今不忘也。"

辛卯，學憲東沙張公刻頒《二子粹言》，師悅玩之，内得薛文清公一條云②"萬起萬滅之私亂吾心久矣，今當一切決去，以全吾澄然湛然之體"，若獲拱璧，焚香扣首，矢心必爲聖賢。立簿日紀功過，寸陰必惜。屏私息念，如是數月，而澄湛之體未復。

壬辰，乃閉户臨田寺中，獨居密室，几上置水一盂，鏡一面，對坐逾時，俟此中與水鏡無異，方展書讀之，頃或念慮不專，即掩卷復坐。習以爲常，遂成重病。前峰公謂師由研喪，咎之，師乃直述其故曰："兒病由内，非由外也。惟得方寸快暢於道不逆，則不藥可愈。"前峰公遂授以陽明王先生《傳習録》，指以"致良知"之旨，師閲之大喜，日玩索之，病瘥。

丙申，師游泮謁文廟，瞻拜孔子，且見伯祖圭峰公遺迹，③心殊惻動，歸而寂思至晚，遂聯數十友爲會，雖作舉子業，而商訂理學居多。

己亥，師益鋭志聖學，力肩斯道，父子、兄弟、親友，自相師友，故旴中有志之士，多觀感興起，而師倡導之功兹始矣。

庚子會考，省中縉紳士友大舉學會，見吉中山農顏公鈞。④山農出

---

①　《新城縣志》卷十《人物志》四《儒林》載："張璣，洎水，嘉靖三十四年貢太學，任錢塘訓導。"

②　薛瑄（1389—1464），字德温，號敬軒，山西河津人。永樂十九年（1421）進士，曾任監察御史、山東提學僉事、大理寺正卿、南京大理寺卿，官至禮部右侍郎。以講學、著述終其身。謚文清。著有《讀書録》《讀書續録》《薛文清公文集》。

③　羅玘（1447—1519），字景鳴，號圭峰，江西南城人。明成化二十三年（1487）進士。官至南京吏部右侍郎，謚文肅，有《圭峰集》傳世。

④　顏鈞（1504—1596），字子和，號山農，江西吉安人，泰州學派代表之一。早年從學徐樾，繼轉入泰州學派創始人王艮門下。與趙大洲爲同調學友，泰州學派代表人物羅汝芳、何心隱、程學顏等都曾入其門從學。因行事俠義，被譽爲"儒俠"。著作有《急救心火榜文》《論大學中庸》《耕樵問答》《勸忠歌》《勸孝歌》，清時編有《顏山農先生遺集》。

泰州心齋王先生之門,①而解演説“致良知”義旨,師因述己昨覿危疾,而生死毫不動心,今失科舉而得失絶弗攖念。山農俱不見取,曰:“是制欲,非體仁也。吾儕談學,當以孔孟爲準。志仁無惡,非孔氏之訓乎? 知擴四端,若火燃泉達,非孟氏之訓乎? 如是體仁,仁將不可勝用,何以制欲爲?”

師聞之,悟曰:“道自有真脈,學原有嫡旨也。”遂師事之。朝夕專以孔子求仁、孟子性善,質正之。於四書,口誦而心惟之;一切時説講章,置之不觀。間作時藝,隨筆揮成。見者驚服,私相語曰:“乃知學問之大益舉業也。”

癸卯,薦鄉書,時年二十有九,師同廬山胡公、②洞巖周公,③及諸同志大會於滕王閣數日。次年甲辰,舉會試,師同波石徐公、④中溪顏公、⑤西石王公、⑥夢坡敖公、⑦二華譚公及諸同志,⑧大會於靈濟宮。俄聞前峰公有疾,遂不應廷試歸。

乙巳,師建從姑山房,以待四方遊學之士,矢心天日,接引來學,日與諸友論駁明道、象山、陽明、心齋義旨,足不入城市。

---

①　王艮(1483—1541),泰州學派創始人。字汝止,號心齋,江蘇安豐人。出身鹽丁,後四處行商。常攜《孝經》《論語》《大學》,逢人質義。好古禮古服。聞王守仁講學江西,往拜辯難,心折其簡易,遂執弟子禮。四十歲後講學於廣德復初書院、泰州安定書院、紹興陽明書院和南京雞鳴寺等地。弟子多至數百人,多爲樵夫、陶匠、農夫等平民百姓。

②　胡直(1517—1585),字正甫,號廬山,江西泰和人。嘉靖進士,官至福建按察使。少嗜詞章之學,二十六歲始從王守仁弟子歐陽德問學,三十歲師事羅洪先,習王氏心學。又曾從陳大論、鄒魯等學道學禪。著有《胡子衡齊》等,後人輯爲《衡廬精舍藏稿》《續稿》。

③　周仲含,名賢宜,號洞巖,萬安人,官至布政使。

④　徐樾,字子直,號波石。江西貴溪人。嘉靖間進士,官至雲南左布政使。初師王守仁,後問學於王艮。

⑤　顏中溪(1498—1572),即顏鈞之兄顏鑰,字子啓、中溪,嘉靖甲午舉人,歷任教諭、知縣等職。其弟子張後覺(1503—1578,號弘山)爲北方王門的開創者之一。

⑥　王之誥(1512—1590),湖北石首人,字告若,號鑒川、西翁。嘉靖二十三年(1544)進士。以軍功官至兵部右侍郎,總督宣大、山西軍務。

⑦　敖銑,字純之,號夢坡,江西高安人,嘉靖十四年進士。

⑧　譚綸(1520—1577),字子理,號二華。江西宜黃人。嘉靖二十三年進士。初任台州知府,練兵禦倭。官至兵部尚書、太子太保。他主持兵事三十年,與戚繼光共事齊名,號稱“譚戚”。著有《譚襄敏奏議》《譚襄敏公遺集》。

　　丁未，師往吉安謝山農顏公，因遍訪雙江聶公、念庵羅公、東郭鄒公、①師②泉劉公輩商榷學問，師嘗語儒曰："予會試告歸，實志四方。初年遊行，攜僕三四人，徐而一二人。久之，自負笈行，不隨一价。凡海內衿簪之彥，山藪之碩，玄釋之有望者，無弗訪之。及門，惟以折簡通姓名。或以爲星相士，或以爲形家，或通或拒，咸不爲意，其相晤者，必與之盡譚乃已。"

　　戊申，師譴人以厚幣聘楚中胡子宗正。宗正舊常以舉業束脯師。師知其於《易》有得也，兹欲受之。比至，則托疾杜門，寢食不相離。及有所扣，漫不爲應。師曰："我知之矣。"遂執贄願爲弟子。宗正乃言曰："'易'之爲'易'，原自伏羲洩天地造化精蘊於圖畫中，可以神會，而不可以言語盡者。宜屏書册，潛居静慮，乃可通耳。"師如其言，經旬不輟。宗正忽謂師曰："若知伏羲當日平空白地著一畫耶？"師曰："不知也。"宗正曰："不知則當思矣。"次日，宗正又問曰："若知伏羲當日平空白地一畫未了，又著二畫耶？"師曰："不知也。"宗正曰："不知則當熟思矣。"師時略爲剖析，宗正默不應，徐曰："障緣愈添，則本真益昧。"如是坐至三月，而師之易學，恍進於未畫之前，且通之於《學》《庸》《論》《孟》諸書，沛如也。

　　師遍遊海內，歸則多處姑山，決策尼聖，凝神易理，方便接引來學，若將終身焉者。或謂寧安人曰："而子幸一第，乃不爲進取計，何輕視科名若此？"安人曰："吾兒正不欲輕此科名故耳，今當勉從雅意。"遂治裝促師北上。

　　庚戌，師至維揚，約龍溪王公、③緒山錢公大會於留都天壇道

---

　　①　鄒守益（1492—1562），字謙之，號東廓，江西安福人。正德六年（1511）進士，授翰林院編修。官至侍讀學士。鄒氏爲學，先宗程朱，後師事王守仁。著作有《東廓鄒先生文集》。

　　②　"師"，底本誤作"獅"。師泉即劉邦采。

　　③　王畿（1498—1583），字汝中，號龍溪，浙江紹興人。受學於王陽明，嘉靖十一年（1534）進士，歷官南京兵部主事等。專心致志傳播王守仁學説，凡四十年，足迹遍及吴、楚、閩、越、江淮諸地，學者稱龍溪先生。

觀，①竟不果行。大洲趙公時官祠部，②對衆嘆曰："羅君儻在孔門，與曾參氏頡頏矣。"

庚戌秋，大會江省月餘，溯流至螺川，集會九邑同志。

辛亥，蓉山董公邀會樂安，③老幼走百里者不可勝計。暮春，師歸旰，立義倉，創義館，建宗祠，置祭田，修各祖先墓。暇則講里仁，會於臨田寺，以淑其鄉人。

壬子，江西撫臺夢山夏公按建昌，遊從姑，訊庵僧曰："誰嘗處此？"僧以師對，夏遣官請見，師野服蕭然。夏曰："盛養壯年，安得遽爲此也？"命有司備路費，促師北上。

癸丑，廷試中式。時內閣存齋徐公、④部院雙江聶公、南野歐陽公、⑤儆山周公，皆以興起斯學爲己任者，乃定會所於靈濟宮。師集同年桂巖顧公、近麓李公、洞陽柳公、望山向公、一吾李公；會試同年昆湖瞿公、澤峰吳公、渾庵戴公、少龍賀公、敬所王公；⑥舊同志善山何公、⑦西吾張公、吉陽何公、⑧浮峰張

---

　①　錢德洪(1496—1574)，名寬，字德洪，號緒山。浙江餘姚人。嘉靖二年(1523)師事王守仁，與王畿疏通王學大旨，一時稱爲教授師。嘉靖五年舉於南京，不廷試而歸。嘉靖十一年中進士，累官刑部郎中。潛心傳播王學，江、浙、宣、歙、楚、廣等地皆有講舍。

　②　趙貞吉(1508—1576)，泰州學派學者，字孟靜，號大州。四川內江人。嘉靖十四年進士。官至文淵閣大學士。諡文肅。嘗從學於徐樾，承王艮之傳，然其學近禪，謂禪不足以害人。

　③　董燧(1503—1586)，字兆時，號蓉山，江西樂安人。嘉靖十年舉人，官至南京刑部郎中。師從王艮、鄒守益，學"良知"之學。

　④　徐階(1494—1574)，字子升，號少湖，又號存齋，松江華亭(今屬上海市)人。嘉靖二年進士，授翰林編修，後進禮部尚書、文淵閣大學士，從王守仁弟子聶豹學。

　⑤　歐陽德(1496—1554)，江右王門學者，字崇一，號南野。江西泰和人。嘉靖二年進士。官至禮部尚書兼翰林院學士。諡文莊。師事王守仁，以講學爲事，時人稱其門人者半天下。

　⑥　王宗沐(1523—1591)，字新甫，號敬所，浙江臨海人。嘉靖二十三年進士，授刑部主事。擢江西提學副使，曾修白鹿洞書院，引諸生講習。後又遷任山西布政使等職，終以京察拾遺罷歸。

　⑦　何廷仁(1486—1551)，字性之，號善山，初名秦，江西雩都人。少年時期崇敬陳獻章，後師從王守仁。何廷仁與江西黃弘綱及浙江錢德洪、王畿同爲王守仁高足，當時有"浙有錢王，江有何黃"之說。

　⑧　何遷(1501—1574)，字益之，號吉陽，湖北安陸人。嘉靖二十年辛丑沈坤榜三甲。歷任户部主事、九江知府。曾以太常卿巡撫江西，學識淵博，喜談性名之學。受業於湛若水，但不墨守師說，他的學說介於王守仁與湛若水兩家之間，而另立新義。

公、①芳麓王公,數十百人,聯講兩月,人心翕然,稱盛會也。

　　是夏,領選尹太湖。時蘄黃英山多盜,白日流劫湖民,近界者不勝其害。江防使者遣兵戍其地,民滋弗寧。師廉得其實,迨抵任,則人情洶洶,遞相告急,師往謁當道,密畫事宜,謂當首撤巡兵,次緝渠魁,不必紛紛,庶境土可靜,民生可安也。當道允之。賊見官兵既撤,又覘師日以講學化士民,遂以新令怯弱爲幸。師知其懈,曰:“此之弗圖,將無及矣。”即率民勇星馳至盜處,潛住民間瞰賊。是夕,賊方集一所,張燈作樂歡飲。師率壯士突入,即席擒縛有名賊首七人,餘黨驚遁。師曉諭撫安,遠近帖然,積年之寇,俄頃平焉,人以爲神。所至,集父老,從容誨訓之,於是小民聞風爭持果酒,叩道傍求見。湖賦素難辦,因與之約,悉得詣縣自納,設櫃於門,民甚便之。復流移,修庠序,令鄉館師弟子朔望習禮歌詩,行獎勸焉。立鄉約,飭講規,敷演《聖諭六言》,惓惓勉人以孝弟爲先。行之期月,賦日完,訟日簡,閭閻頌聲,臺司薦疏籍籍也。

　　塘南王公時槐作師《傳》云:②“嘉靖乙卯,予以南主客郎出僉閩臬,道經太湖,先生時爲令,留止信宿,邀至演武場觀兵壯射。先生語予曰:‘吾茲校射,中一矢以上者賞有差,不中者罰。蓋不中者不得受募金,即以增給中者,是移罰爲賞也。官不費而兵壯自勸矣。’又曰:‘吾此心每日在百姓身上,周迴不暫捨也。’予聞斯言,悚然謹識之。及入閩,祗服未敢忘。復仿其校射賞罰之法,行於漳南,久之,以靖山海寇警,幸獲成效。”

　　嘉靖丙辰,師入覲,秩亦垂滿矣。時分宜當國,③政以賄成。師弊

---

　　①　張元沖,字叔謙,號浮峰。嘉靖十七年(1538)進士,授中書舍人,改吏科給事中,遷工科都給事中。後出爲江西參政、廣東按察使、江西左右布政使,升右副都御史,巡撫江西。受學於王守仁,屬王門浙中學派。

　　②　王時槐(1522—1605),字子直,號塘南。江西安福人。歷官至陝西參政,時年五十,即告退講學以終。少師事王守仁弟子劉文敏,及仕,遍質四方學者。

　　③　分宜,指明朝權臣嚴嵩。嚴嵩,字惟中,江西分宜人。弘治十八年(1505)進士,任武英殿大學士,入閣,專國政二十年,官至太子太師。子世蕃倚父寵操縱國事。晚年漸爲世宗疏遠,世蕃被殺後也被革職,不久病死。

例悉罷,行李蕭然,識者刮目。嚴雖不悅,然以薦剡籍籍也,乃托其婿袁工部者邀師一見,則臺省可得。師曰:"有命。"竟不往。久之,擢刑部主事。適聞古沖李太宰以誣獲罪,①欲棄官歸,具疏終養,座主存齋徐公力止之,乃已。次年丁巳,師乃赴任,沿途講學,不以官爲意。比抵部,大司寇淡泉鄭公每見必曰:②"太湖之政,何得民如此?"部事無大小就師質之。一時人稱明允,師力居多焉。

嘉靖庚申,分宜父子橫恣,海内士大夫皆不平。鶴樓張公、③悟齋吳公、④幼海董公並疏論之,⑤朝廷震怒,下獄議戍。繼而,楚侗耿師疏論吳冢宰。時陸錦衣搜索唆謀,同志股慄,師獨就鶴樓三公於部獄,同寢處者四五日,就耿師於朝房,同寢處亦四五日,衆皆以昏瞢弗識忌諱爲誚,而不知師德義之勇類如此也。

師出審宣大獄,時分宜憾青霞沈公。⑥沈雖死,餘犯尚多,當道屬曰:"是獄最爲緊要,速盡決之。"師審實,多從輕論,聞者咋舌。後分宜敗,言官發沈之冤,餘犯皆釋,問官反坐,獨師與按臺陳公獲免,後

①　李默(1499—1558),字時言,號古沖,甌寧人。正德十六年(1521)進士,歷浙江布政使,入爲太常卿,掌南國子監,擢吏部侍郎,進本部尚書兼學士,加太子少保。爲嚴嵩所銜,奪職爲民。逾年,特旨復職。爲趙文華所構,下獄瘐死。萬曆中追諡文愍。

②　鄭曉(1499—1566),字窒甫,號淡泉,浙江海鹽人。嘉靖二年(1523)進士,授職方主事,累官兵部右侍郎、兼副都御史、總督漕運。征討倭寇,頗有聲名。以知兵,改右御史,協理戎政,遷刑部尚書。因爲嚴嵩所惡,落職歸。卒諡端簡。

③　張翀,字子儀,號鶴樓,明代柳州八賢之一。嘉靖三十二年進士,授刑部主事。嘉靖三十七年(1558)疏劾嚴嵩父子專權亂政,被下詔獄拷訊,後謫戍貴州都匀。

④　吳時來(1527—1590),字惟修,號悟齋,仙居縣人。嘉靖三十二年進士。授松江推官,擢刑科給事中。嘉靖三十七年疏劾嚴嵩,遂謫戍橫州。隆慶初復官,又因忤高拱落職。萬曆十二年(1584)召爲湖廣副使。十五年官至左都御史。晚年委蛇權貴間,爲東林黨人所劾,乞休歸,未行而死。

⑤　董傳策,字原漢,號幼海。華亭(今上海松江)人。嘉靖二十九年進士,授刑部主事,疏劾嚴嵩誤國六罪,下獄追問"主使",拷掠幾死,謫戍南京。萬曆初累遷南京禮、工二部侍郎。免歸,爲家奴所害。

⑥　沈煉(1507—1557),字純甫,號青霞。浙江會稽(今紹興)人,嘉靖十七年進士,除溧陽知縣,後入爲錦衣衛經歷。性剛正,嫉惡如仇。時嚴嵩當國,上疏劾嵩十大罪,指爲"天下奸邪",請罷其官,以謝天下。帝怒,杖之數十,謫佃保安。因教授保安子弟,常以爭詈嚴嵩爲快。嵩父子大恨,陰囑其黨圖之,終將其名列入白蓮教案中,斬於宣化。嘉靖四十一年,嚴黨被劾,嚴嵩削職,嚴世蕃處死,沈煉一案纔得以昭雪。

陳見師每舉此相謝也。是年，止斬一人，絞一人，向多風霾陰晦，茲日獨晴暖。二山楊公同事嘆曰：①“今日非行刑，乃行仁也。”宣大事畢，辛酉回江省，學者大集。

壬戌，師在京，大修部司火房，集一山羅公、合溪萬公、小魯劉公、見羅李公、魯源徐公輩日夕聚論，②商榷理學。未幾，師補寧國守。往辭存齋徐公，公不發一語，師莫知其故。出遇五臺陸公問之，公曰：“徐公久爲兄謀而無善地，意在南考功而部不知，就兄寧國，此大失公初意耳。”師笑曰：“兄且休矣，寧國不足以取公卿，獨不足以取聖賢乎？”陸拱手謝曰：“壯哉羅兄志也，此豈人所及哉！”

師之寧國，凡士民入府，則教以孝順父母，尊敬長上。或曰：“孝順父母、尊敬長上，足以治寧國乎？”師曰：“奚啻寧國已也？”數月，教化大行，遠邇向風。且聯合士民，各興講會，清逋欠、修堂廨、建志學書院。堂事稍畢，即集郡縉紳周潭汪公、受軒貢公、都峰周公、砑石屠公、毅齋查公輩，相與討論。郡邑庠生侍坐聽之，人各感動。其中，奮發興起者如沈子懋學、徐子大任、蕭子彦、詹子沂、趙子士登、郭子忠信等百餘人。師開導不倦，多至夜分，精神契合，民亦潛乎，且日遷善郡堂，經月鞭朴不聞。諸公笑曰：“此翰林院也，豈云郡堂哉！”師曰：“是皆從孝順父母、尊敬長上中來也。”

師蒞寧國甫七閱月，楓潭萬公總督南糧，③謂寧國南糧三載並未到部，例當疏參。師詳覈其故，具揭白之，隨遣官齎粮解納，不一月，

---

① 楊巍（1516—1608），字伯謙，號二山，海豐人，嘉靖二十六年（1547）進士。有清操，性長厚，是明代中期重臣。

② 徐用檢（1528—1611），字克賢，號魯源，浙江蘭溪人。嘉靖四十一年進士。生平致力理學，曾三赴婺州崇正書院，兩赴新安霞源講學。講期日手一編，寢食不釋。著有《婺州新安紀》《會友聲編》《己亥二錄》《五經辨疑》《劍虔錄》等。又匯錄薛瑄、陳獻章、王守仁三家語錄，分類編纂成《三儒類要》。

③ 萬虞愷，字懋卿，號楓潭，江西南昌人，少曾受業於王守仁。嘉靖十七年進士，累官至南京都察院副右都御史、總督漕儲刑官右侍郎等。萬虞愷學問精深，得陽明先生真傳，嘉靖間萬虞愷曾講學南昌，在正學書院與張元沖、羅洪先、鄒守益、黃弘綱等碩學名儒聚而講會，講王守仁之學，爲一時盛況。

三載之逋悉完。例未入薦，萬公破格薦云："無我得正己之盡，存神妙應物之感。"衆相訝曰："如斯出格，如斯薦語，前所未有也。"

南陵額種官馬，百姓苦之。師引通州舊例，請於撫按，而自具奏請罷之。兵部禺坡楊公恐照例者紛紛，欲不允。存齋徐公謂楊公曰："羅子好人，必能知人，吾欲就之南考功，徐轉而北，將重托焉，不意外補。今初作郡，經濟方新，宜成厥美。"楊公乃允。歲省民間七八千金，民至今頌之。築涇縣、南陵、太平三城及羅公圩，皆師設法成之。

甲子，修水西書院，聯徽、寧、廣德之大夫士講會其間，理學丕振。他如議處迎景王宮眷之役夫，定醮齊雲文武之班次，彌太平府百姓之鼓噪，減太平、南陵二縣之浮糧，緝涇縣雞子嶺之寇盜，無不從容中度，上下宜之。臺司無弗注上考者，師之治行爲天下第一矣。

乙丑，入覲。吏書養齊嚴公、考功五臺陸公，考師"卓異"。諸公卿相謂："羅寧國真實好官，不可多得。"時臺拾遺首及金湖方公，師力爲昭雪，始解。

謁政府存齋徐公，公訪以時務。師曰："此時人材爲急，欲成就人材，其必由講學乎？"公是之。遂屬師合部寺臺省及觀會諸賢，大會靈濟宮。徐政府手書程子《定性》一書"學者先須識仁"一條，令長子攜至會所。兵部南離錢公出次朗誦，諸公懇師申説，師亦悉心推演，聽者躍然，詳見《靈濟宮會語》。

王奉常作師《傳》云："乙丑，予爲符卿，先生以寧國守入覲。既見政府存齋徐公，出語予曰：'吾適見徐公，首言公當勸皇上以務學爲急，然必於其左右嬖御、御馬先之，公誠能使諸大閹知向學，即啓沃上心一大機括也。公奈何僅循內閣故事，以塞其職耶？公大以吾言爲然，因嘆曰：諸君講學，猶是空談，未足風世，[①]得君相同心學道，寰宇立受其福矣。'"

---

① "猶是空談，未足風世"一句，《近溪子附集》作"只三五巷談，不足風世"。

師晤太嶽張公，①語之曰："君進講時，果有必欲堯舜其君意否？"張沉吟久之曰："此亦甚難。"師嘆曰："公所居何等責任，乃無一段真精神以感格君上，而第爲此言，不爲上負天子，下負所學哉？"有從旁解之者曰："此亦無可奈何。"師責之曰："吾與張君言至此，欲爲滴淚，而君猶爲諛言以相寬，是無人心者也。"張黯然。

覲事竣，師還郡。適吉泉王直指按郡，郡中寂然無事。王謂所屬曰："人言羅守以學會、鄉約治郡，予始訝其迂，今闔郡相安無事，則信乎其爲'卓異'也。"因命集父老子弟而觀其歌詩、習禮，王深加獎賞，且諭之曰："察院旌賞，不可易得，況他郡皆懲惡，而此郡獨賞善，尤不易得也。"

無何，聞前峰公訃，奔歸。士民縉紳送逾百里，無不泣別。合郡士民作《攀轅錄》，今存。亦有追隨不捨至家者，如梅井郭君及胥吏輩凡數十人，儒所見也。師治寧倬政，具見宣城耆民魏世録所刻《宛水攀轅圖說》中。

丙寅，建前峰書屋於從姑山，四方來學者日益衆。儒於乙丑秋，初住從姑一百二十日，後往來其間者幾二載。

戊辰，聞山農顔公以剛直取罪，幽繫留都，師乃稱貸二百金，同二子及門人買舟往救。或曰："山農不及子，子師之，何也？"師曰："山農先生在縲紲之中，而講學不倦，雖百汝芳豈及哉！"既而賴同志併力設處，得戍邵武。南皋鄒公撰師墓碑有云：②"山農雖以學自任，放言矢口，得罪縉紳不少，南刑曹業置之死地矣。先生以身代，爲之贖，而顔得生全。且顔貧，視先生家若内庫，隨取隨厭。顔又喜施予，隨施盡，

<hr>

①　張居正（1525—1582），字叔大，號太嶽，湖北荊州人。嘉靖二十六年（1547）進士，隆慶元年入閣，後爲首輔，前後當國十年。謚文忠。曾下令清丈土地，推行"一條鞭法"。有《張文忠公全集》。

②　鄒元標（1551—1624），字爾瞻，號南皋，江西吉水人。萬曆五年（1577）舉進士第，累官刑部右侍郎。後因得罪張居正，被廷杖謫戍都匀衛六年，居正死，召拜給事中。元標嘗從胡直遊，得歐陽德、羅洪先之傳，其學強調正本分，認爲"天理"與"人欲"一致，心迷則天理爲人欲，心悟則人欲爲天理。著有《願學集》。

又輒隨其所請。先生年已耄，每顏怒，先生跪於榻前，顏批其頰，不少動，俟怒解始起。夫顏橫罹口語，學非有加於先生，而終身事之不衰，生之縷紲，周之貨材，事之有禮，此祖父不能必之孝子慈孫，而得之先生。嗟乎！即此天地可格，鬼神可動，矧曰其他，"又曰："梁夫山囚楚，先生鬻田往援之。或諷先生曰：'夫山害道，宜罹於法。'先生曰：'彼以講學罹文罔，予嘉其志，不論其他。'胡宗正幼師先生矣，先生聞其於《易》有傳，復不難北面宗正。蓋先生真見天下無一人不善，天下無一人不可師，己耶，人耶，物耶，渾然無間，誰能閡之？或疑先生學大而無統，博而未純者，[①]先生云：'大出於天，機原自統；博本乎地，命亦自純。'予誦斯語，恍然如見先生。夫不本其自統、自純者爲學，而以意念把捉爲統、爲純。嗟乎！此學之所以難言也。"

己巳，居寧安人之喪。

辛未，奄歲事竟，乃周流天下，遍訪同志。大會樂安，大會南豐，大會韶州，由郴、桂下衡陽，大會劉仁山書舍。每會必有《會語》，今存，而此學大明。且是行也，遊濂溪月巖，謁永州舜陵，縱觀九嶷，深入蠻洞，陟日觀於上封，讀禹碑於嶽麓，酌賈誼井泉，挹汨羅廟貌，而衡湘幽勝殆盡其概矣。

壬申，當道引哀詔促師起復。癸酉，北上過江省，大會旬日，遂從大江而東，沿途如饒州、安慶、寧國、留都、揚州，凡相知同志者，絡繹邀師會講。不佞儒與澹園焦丈、秋潭翟丈，自留都至揚州，從師舟中，凡十餘日，縉紳士友，無日不會，師亦舒徐，處處聚樂。名雖入京，實則聯友共學也。過真州，覺齋徐公大任司閘壩，方建書院，聞師至，大集生徒，講學逾旬。至東昌，兩溪萬公已治館穀，留家屬，促師進京。

---

①　明代學者許孚遠（1535—1604，字孟中，號敬庵，浙江德清人）曾評价近溪之學曰："大而無統，博而未純，久後難以結果。"（見吳達可《題重刻羅近溪先生語要序》）近溪反駁説："大出於天，機原自統；博本乎地，命亦自純。某病不大且博也，大且博非病也。"（見羅汝芳《一貫編·心性下》）

　　師至銓部，司廳報師見堂，禺坡楊公謂應谷劉公曰：①"此君去寧國時，有譖之者，適周都峰昌言於朝，而耿學院之辨疏亦至，乃知人言之妄，而論定矣。"師見禺坡公於館，公笑執師手曰："寧國之政，大得民心，鄙懷久念，不意今日乃得面也。"

　　師會江陵張公，張問師山中功課，師曰："讀《論語》《大學》，視昔稍有味耳。"張默然。翌日，招師且約義河李公陪師。坐定，張顧李曰："近溪意氣，視舊無異。"師曰："不免傷感大多爾。"張曰："何故？"師曰："閭閻疾苦，不能一一上達也。"張曰："即韓、范、富、歐，②亦不能俱達也。"師笑謂李曰："弟輩連宵歡呼慶幸，以老先生受知聖主，大用明時，即皋、夔、稷、契，③不多讓矣。"張曰："然則堯舜獨不病博濟耶？"師曰："此自人言堯舜耳。自鄙見論之，唐虞君臣，刻刻時時，必求博濟也。"張舉酒不言，久之曰："胡廬山安在？"師曰："在廣西按察，昨得書，言歸矣。"蓋憾師如胡之不順己也，遂補師東昌。麟陽趙公忿然曰：④"奈何促賢者一出，而僅以郡符勞之耶？"比至東昌，治之如寧國，三月而士民孚之。修學宮及城隍廟，費數百金。定解邊餉銀法子，歲省民萬金。此皆師推己所宜有以惠民者，民皆交口祝拜無異詞。未幾，遷雲南屯道憲副。

　　甲戌，師自東昌歸旴，時年六十，遠近門生咸集師庭稱壽。師乃合郡中同志數百人，大會於旴之玄妙觀，旬日始解。時師遣家屬具疏乞休，當道強止弗上，將劄付改限，促師南行。

　　玄妙會時，諸同志有華山之約，師聞之曰："予欲登華山亦久矣，

　　①　劉光濟（1520—1584），字憲謙，江蘇江陰人，嘉靖二十三年（1544）進士。歷史部左侍郎、南京兵部尚書。萬曆五年（1577）九月，張居正謀"奪情"，劉光濟力持不可，張居正恨之，嗾御史曾士楚劾劉光濟"曠廢"，於同年十月二十一日致仕。萬曆十二年卒，年六十五。

　　②　韓、范、富、歐：即韓琦、范仲淹、富弼、歐陽修，皆北宋名臣。

　　③　皋、夔、稷、契：傳說中舜時賢臣皋陶、夔、后稷和契的並稱。

　　④　趙錦（1516—1591），浙江餘姚人，字元樸，號麟陽。嘉靖二十三年進士。師事王守仁。授江陰知縣，擢南京御史。嘉靖三十二年因上疏彈劾首輔嚴嵩，被斥為民。穆宗即位復官。萬曆時受張居正排擠致仕。萬曆十一年任左都御史，反對抄張居正家，對其政績有所肯定。遷兵部尚書兼右都御史，掌都察院。十九年任刑部尚書，由家赴京上任，病死途中。

且向許再會樂安，此可偕行。"於是由崇仁抵宜黃，登華山，直詣樂安大會。彼時晝飲聯席，夜臥聯榻，坐起詠歌，無非是學也。

董司寇裕、①詹侍御事講、曾運使維倫、②陳刺史汝鳳、游貢士徹、陳生致和、陳生廷禮侍師登華蓋絕頂，嚴巒峭拔，壁立萬仞。及夜，子談孔孟宗旨。時月華五色，玲瓏掩映，諸君子喜曰："神聖之道，果有致極之妙，苟非身親見聞，誰能信得奇異如此也？"

陳生廷禮請教，師曰："道心惟微，必睿乃足以通之，故'思曰睿，睿作聖'也。吾人輒以浮氣强探，膚詞謾道，往往自謂能致力於學，誠俗所謂粗麻綫透針關也，則見之左也甚矣。"

游君徹問曰："《中庸》之'誠'與'明'如何分別？"師曰："近來用工，卻全不在此等去處。"游曰："不在此處，卻在何處？"時方食點心，師指而言曰："只在此處。蓋此食點心時叫做明也得，叫做誠也得；只此食點心，也叫不得做明，也叫不得做誠；但點心已是喫了，亦不消再叫誠叫明也。以此推之，則四書五經，百般萬樣，諸般道理，諸般名色，都可以從喫點心一處起，亦都可以從喫點心一處了也。"

吳生良鳳問："老師嘗勖人願學孔子，請問孔子如何去學？"師曰："孔子大聖人也，萬世無及焉，然其實非孔子之異於萬世，乃萬世之人自忘其所同於孔子者耳。孟子云：'大人者不失其赤子之心。'夫赤子之不慮不學，與孔子之不思不勉，渾是一個。吾人由赤子而生長，則其時已久在孔子地位過來，今日偶自忘之，豈惟赤子然哉？孔子宗旨，只是求仁，其言則曰'仁者人也'，彼自異於孔子，或亦自忘其爲人也耶。省之，省之。"

師至樂安，流坑董氏少長畢集，忻悅融融，同行諸生笑曰："昔人

---

① 董裕，江西樂安人，字惟益，號擴庵。隆慶進士。擢御史，巡按滇南。因忤中貴謫官，後起爲大理少卿，遷南京工部侍郎。萬曆三十三年（1605）官至刑部尚書，不久致仕。著有《仁孝會旨》。

② 曾維倫，字惇吾，江西樂安人。萬曆庚辰進士，官至嘉興府同知。有《來復堂集》二十五卷。維倫學出姚江，與焦竑、李材、羅汝芳等，共闡良知之旨。

春風中坐一月，相傳以爲美談。吾儕自秋迨冬，旦夕數百輩，老安少懷，朋友信從，熙洽貫通，若世羲皇，不知視一月春風又何如也？”

徐生懷義嘆曰：“我師自初至以迨今日，時有寒暑，日有晝暮，而貫四時、通晝夜，無一時離朋友，亦無一刻廢講論，真是人間一異事也。”師曰：“汝看我講論時如何用工？”生曰：“義見師講處講耳，工夫則不知也。”師時方啜茶，笑曰：“我且啜且講，則又何如？”生曰：“如此便是啜處講，講處啜也。”

樂安余大尹問曰：“淡而不厭，是下學立心始事否？”師曰：“論下學立心，固當淡，孔明所謂非此無以明志是也，但此章宗旨，卻是接上文‘固聰明達天德’説來，若曰必耳目不用，然後天德可達，天德能達，方是至道。可知蓋道之至處，是聲臭俱無；聲臭俱無，須淡，簡溫以入之也。此等境界，耳目聰明何所用之？耳目不用，精凝於神，神知自明，則無遠近，風自微顯，一以貫之矣。天之至德，人之至道，不相入而靡間也耶。下文人所不見，以至篤恭而天下平，皆是極其形容，以歸於無聲無臭之至，非果有許多層數工夫也。”

乙亥，師涖雲南，治昆明堤。滇中有滇池，又名滇海，即昆明池，周迴三百餘里，其口出昆陽州，邇來淤塞殊甚，水溢則大爲民患。師詢之人曰：“西高而東下。”令從下者濬之，省原估費十之九。且與其父老履畝尋水利，復金汁、銀汁二溝，民便耕種。乘暇遍歷郡縣，凡水之利害無不平治。秋盡，由大理入永昌，浚龍池，引沙河。所至與僚友暘谷方公、同野李公、鄉縉紳寅所嚴公、麓池郭公輩相與定期集士子講學作文，[①]以爲常。同野公曰：“羅公原是龍精，所至水泉湧出。”寅所公曰：“滇中銀浮雪湧，皆羅公心源灌注也。”麓池公曰：“近老在滇時雖不多，而一念愛民忠國，禮賢好士之意，藹然可掬，純然不私。田畝素無塘堰，膏腴不收，自近老來，督工築堰，布滿滇中，即今每歲

① 郭斗(1518—1589)，字應秀，號麓池，雲南昆明人。嘉靖三十二年(1553)進士，歷孝感知縣、南京産科給事中，陞山西副使，立招商法。後任四川左參政、貴州按察使、浙江左右布政使、貴州左布政使，著有《麓池存稿》。

豐登,軍民充裕,誰之賜耶？此百世功也。"

　　永昌巡畢,過騰越。行來半日,飛報踵至,則莽賊大至矣。居民奔移入城,州城晝閉。師嚴行牌面,以張聲勢,且發郊外兵夫入城戍守。諜報莽兵數萬已近三宣,其前鋒木邦罕拔尤爲猛悍。師檄州衛出兵御之,虎牌所至,號令異常。莽酋號莽噠喇者,名瑞體,疑師有備,引去。轉攻迤西。騰、永士民咸慶再生,撫按聞之,即檄師兼署兵巡。時莽兵急攻迤西,其土宣撫思個求援,師按迤西近地,授以方略,前後困之旬有餘日。復馳諭三宣,遥相掎角。瑞體盡銳力戰得脱。諜報莽兵實五萬,數日内死傷者十之九。瑞體謂其下曰:"吾自用兵以來,未有此困。"三宣又聲言尾之不能去,師遣通事諭之降,俾獻地圖、受爵、修貢。瑞體厚犒通事,願如命,且請貢期、貢數以便遵守。師詳報撫院,而毅庵王中丞駭甚,[①]以爲引釁,一日五遣牌止之。師乃令莽酋可再來聽議,聞者解體,莽遂佚去,時丙子春也。後給諫宜庵楊公奏師邊功,其略曰:"原任雲南屯田副使羅某,職屯田而兼攝學道,造士安民,一以講學是事,撫臣王某動以迂士目之。時以金、騰缺兵巡,則檄之代署,意以軍旅事苦之也。某目擊罕拔之横,心憐思個之危,一接兵符,慷慨前往。至即發庫金,廣儲粟,以固根本;嚴哨守,據要害,以防間諜;稽保甲,練土著,以備不虞。又調各附近砦兵輪番赴騰,以震聲威。購通事,深入以探虚實,出火藥助攻,以摧象陣。又以信義結諸土司,以威福諭各夷寨,以利益化衆奸商。當其時,金、騰生氣,夷方股慄,雖未必能越江外擒瑞體,而近戢罕拔之横,遠助思個之援,誰之力也？奈何撫臣懼以引釁,挾以參題,一日旗牌五遣,而兵遂撤。某之志未酬也。"麓池郭公亦曰:"近老迤西一行,深入不毛,奮身不顧,用間用謀,使稍假以時,幾獲賊首,勞力勞心,天日可鑒。奈爲王毅庵所阻,迄今誰不恨嘆！使曩時得行其志,又寧有今日内侵之鉅禍哉？此智士之所扼腕,而仁人君子所爲痛哭流涕長太息者也。

_____

① 　王凝,號毅庵,江西安福人,嘉靖三十五年(1556)進士。以右副都御史巡撫雲南。

雖然,事雖未成,而其心其功至今不泯矣。"蓋滇中士民無不忻獲安寧,而猶憾未能永除邊患,爲國家惜之耳。

初至騰越,警報雖急,師亦合縉紳士民會講於來鳳山堂。此堂以"默識"名扁,王文成公手筆也。衆坐方定,忽報莽賊前鋒失利,而黨衆猶自鴟張,遂倉卒遣師,未得終會。越數日,諸鄉達復修會,亦坐方定,捷音叠至矣。乃更賡歌相慶,諸縉紳顧州守張君曰:"吾騰文事武備,一時濟美,則萬世無疆之休,誠於此會卜之矣。今兹會堂以'默識'名扁,而羅公祖《五華會語》謂孔子'默而識之'①之'識',即明道'學者先須識仁'之'識',果然'仁'字識得,則疾痛痾癢,恫瘝乃身,即文事之修,武備之飭,俱是不厭不倦實地工夫處矣。"

復有客問曰:"公祖《會語》,謂'學不厭,教不倦''何有於我'②爲不難,不知他章'入事父兄,出事公卿',③亦云'何有於我',則亦可得言不難否?"師曰:"此亦從默識中來也。蓋既認得父兄是我之親,公卿是我之尊,則自然推不開,脫不去。其敬事勉力,亦已不得。如'無所解於其心','無所逃於天地之間',莊子且能言之,④而孔子卻肯說此事何有於我身也哉!"客良久嘆曰:"子貢當時説'夫子不言,小子何述',⑤卻是推開了自身而欲覓之於外。'天何言哉',正爲方便指以默識的頭面與他。今若曉得四時之行,不得不行,便見夫子不厭處;百物之生,不得不生,便見夫子不倦處。"張州守噱然喜曰:"此豈惟可以知夫子之'默識',且可以知程子之'識仁'。蓋我與仁原是一個,四時

---

① 萬曆二年甲戌(1574),羅汝芳60歲,這年季冬,抵雲南。先生與李同野、方曧谷、顧西巖、張禹江、張漸江、陳一水諸公講學於雲南五華書院。門人史旌賢、范維賢録有《五華會語》,收入《明道録》中。
② 《論語·述而》:"子曰:'默而識之,學而不厭,誨人不倦,何有於我哉?'"
③ 《論語·子罕》:"子曰:'出則事公卿,入則事父兄,喪事不敢不勉,不爲酒困,何有於我哉?'"
④ 《莊子·人間世》載孔子曰:"子之愛親,命也,不可解於心;臣之事君,義也,無適而非君也,無所逃於天地之間。"
⑤ 《論語·陽貨》:"子曰:'予欲無言。'子貢曰:'子如不言,則小子何述焉?'子曰:'天何言哉?四時行焉,百物生焉,天何言哉!'"

百物亦原是一個,豈有學不厭而教乃倦,亦豈有四時常行而百物不生者哉?"張守徐起,又問曰:"看來孔門'仁'字,只是個一字,所以先正有欲把'易有太極'①的'易'字作'一'字看,然則所謂識夫仁者,總只是見夫一也。"諸生復有質問者曰:"曾子謂'夫子一貫之道,即忠恕而已'者,②卻不知'忠恕'與'一貫',又何所分別也哉?"師曰:"分別即不是,纔汝張父母云'人與己是一個,四時與百物是一個',知得此個一處,便知得孔子仁與恕處矣。"諸君因共浩嘆曰:"今之天下國家,若都曉得此個意思透徹,則諸宣撫雖遠亦可聯之几席,莽嗟喇雖夷,亦可服以華教,而況目前生民有不如保赤子、如切體膚也哉?"師曰:"此個責任,原人人本固有的,亦人人本該得的。孔子說'仁者人也',今出世既爲人,便出世來當盡仁也。盡這個仁,以爲這個人,則其人又何所不該括耶? 即如今時鄉村俚語,說某人是個人,某人不是個人,其曰是人也者,豈謂能梳頭洗面而穿衣喫飯耶? 其曰不是人也者,亦豈獨謂其頭面不整而巾履不備也耶? 要必舉其所以處事,所以處人,所以處家、處國而言之也。故此意只患人不知不覺,若知覺得時,自便不容辭,亦不容已,如我今知得是屯道,則屯政敢自諉耶? 張君今知得是州守,則州事敢自諉耶? 故屯田事、州中事,諸公一衆即問之,亦可不應。若我與張君,則身雖在此,而心則往來四境,凡幾番矣。"諸君嘆曰:"身在此而心每往來,則可以言默而識矣。屯是州之屯,州是省之州,張父母之心便同公祖,公祖之心便同張父母,則是默而成之,不言而信,存乎德行矣。"客有年大者,進曰:"如公祖與父母,則可謂純是天理矣。但不知人欲雜時,又作何用藥也?"師相顧囑曰:"君老矣,不應復有此大受用。若説破此等受用,則豈止從今至百二十歲,即從此至千萬億歲,而無疆無盡也已。蓋凡言善惡者,皆先善而後

---

① 《周易·繫辭傳上》:"易有太極,是生兩儀,兩儀生四象,四象生八卦,八卦定吉凶,吉凶生大業。"

② 《論語·里仁》:"子曰:'參乎! 吾道一以貫之。'曾子曰:'唯。'子出。門人問曰:'何謂也?'曾子曰:'夫子之道,忠恕而已矣。'"

惡;言吉凶,皆先吉而後凶。今盈宇宙中,只是個天;只是個天,便只是個理,惟不知天是理者,方始化作欲去。如今天日之下,原只個光亮,惟瞽了目者,方始化作暗去了也。"客曰:"凡物有個頭腦,此默識而知,是學問的頭腦。二位公祖父母,是一堂人的頭腦。學問無默識,便邪便亂;百姓無官府,便邪便亂。不知在主宰上先立其大,而惟末流治之,則雖盡戮莽人,而邊鄙終不得寧謐也已。"年大之客憬然悟曰:"幸矣!幸矣!我公祖未說破時,老懷慌慌亂亂,只覺得人欲紛擾一般。今一喚醒,則反而求之,我自清蚤起來,梳頭洗面,頂冠束帶,清茶淡飯,繼而踴躍赴會,扶筇登山,迎公祖而坐,聽諸君而講,耳聰目明,身輕志快,即頃刻之間,而寸寸步步,俱化作一團天理,果然天日常明而人自雙盲也。學問之有頭腦也,有如是哉!"

　　翌日,復會鳳山書屋,舉城父老子弟駢集。有客言,今日堂上堂下,人雖千百,而相向相通,心卻渾然合成一個者,有因師言感化隴川夷人,而贊以為真能以萬物為一體者,乃一生進而問曰:"萬物一體,誠仁者之心矣。然孟子卻云'仁者人也,合而言之道也,不知仁與道又何所分別也耶?"師曰:"孟子此言,即《中庸》'率性之謂道'一句也。蓋仁之為言,乃其生生之大德,普天普地,無處無時,無不是這個生機。山得之而為山,水得之而為水,禽獸草木得之而為禽獸草木。天命流行,物與無妄,總曰'天命之謂性'也。然《禮經》云:'天地之性,人為貴。'[①]人之所以獨貴者,則以其能率此天命之性而成道也。如山水雖得天性生機,然只成得個山水禽獸;草木雖得天地生機,然只成得個禽獸草木。惟幸天命流行之中,忽然生出汝我這個人來,卻便心虛意妙,頭圓足方,耳聰目明,手恭口正。生性雖亦同乎山川禽獸草木,而能運用顯設,平成乎山川,調用乎禽獸,裁制乎草木。由是限分尊卑,以為君臣之道;聯合恩愛,以為父子之道;差等次序,以為長幼

----

　　① 這句話見於《孝經·聖治》:"天地之性,人為貴。人之行莫大於孝,孝莫大於嚴父。"所云《禮經》,不詳。

之道;辨別嫌疑,以爲夫婦之道。此是因天命之生性而率以最貴之人身,以有覺之人心而弘夫無爲之道體,使普天普地,俱變做條條理理之世界,而不成混混沌沌之乾坤矣。"衆齊贊曰:"公祖之言,正所謂'人者天地之心',①天地設位而聖人成能也。"②師曰:"此'心'字,與尋常心字不同,大衆在此,須用個譬喻,纔得明白。蓋人喚做天地的心,則天地當喚做人的身,如天地没人爲主,卻像人睡着了時,身子完全現在,卻一些無用。天地間一得個堯舜、周孔、顔孟主張,便像人睡醒一般,耳目卻何等伶俐,身體卻何等快活,而家庭内外卻何等整齊也耶!"衆嘆曰:"'聖人不生,萬古長夜',③此語誠爲至言。今我此身本可以爲堯舜,爲周孔,爲顔孟,而顧自甘於禽獸以同污賤,自淪於草木以同朽腐,其機誠在於醒與不醒之間。今日責任又在於我公祖,以先知覺後知,以先覺覺後覺,而使騰衝内外,同一常惺惺焉,乃妙也。"一生復進而問曰:"人之睡,貴於能醒,果然。但孟子云'雞鳴而起,孳孳爲善、爲利',④雖均一醒而所爲又自不同,則將奈何?"師曰:"醒與睡,是將來作個比喻。睡醒之醒,止從開眼説醒;覺醒之醒,則從心開處説醒。若以眼開之醒而即當心開之醒,則自堯舜以至顔孟之外,比比以甘同禽獸草木者,豈盡閉眉合眼之人耶?惟須得如今日一堂上下,人人出見本心,則人與仁合。即上司便成上司,僚屬便成僚屬,鄉士夫便成鄉士夫,群子弟便成群子弟,豈不人道昭布於此一堂也哉?"又問:"'合而言之'⑤之道,與'本立道生'⑥之道,可相同否?"師曰:"《論語》首言'學而時習',⑦即繼以'其爲人也孝弟',⑧蓋孔子之學,

---

① 《禮記・禮運》:"故人者,天地之心也,五行之端也,食味別聲被色而生者也。"

② 《周易・繫辭傳下》:"天地設位,聖人成能。人謀鬼謀,百姓與能。"

③ 《朱子語類》卷九三:"天不生仲尼,萬古如長夜。"

④ 《孟子・盡心上》:"雞鳴而起,孳孳爲善者,舜之徒也。"

⑤ 《孟子・盡心上》:"仁也者,人也。合而言之,道也。"

⑥ 《論語・學而》:"君子務本,本立而道生。孝弟也者,其爲仁之本與!"

⑦ 《論語・學而》:"子曰:'學而時習之,不亦説乎? 有朋自遠方來,不亦樂乎? 人不知而不愠,不亦君子乎?'"

⑧ 《論語・學而》:"有子曰:'其爲人也孝弟,而好犯上者,鮮矣;不好犯上,而好作亂者,未之有也。君子務本,本立而道生。孝弟也者,其爲仁之本與!'"

只是教人爲人。孔子教人爲人，只要人孝弟，所以又說‘仁者人也，親親爲大’，①‘親親’即仁。以孝弟之‘仁’而合於‘爲人’之‘人’，則孝可以事君，弟可以事長，近可以仁民，遠可以愛物，齊治均平之道，沛然四達於天下國家，而無疆無盡矣。合而言之，則道豈有不生也哉？”

丙子，修築州之侍郎壩。初苦無石，偶遊山後獲之，若神助然。此爲民利頗多，師以時事久平，乃繳還兵巡符印，而轉出境。人情戀戀，遮道不能行。

還省，以病告。撫按堅留，又以學道符印送掌。時貢選期迫，弗及辭。第貢例方嚴，各省多希江陵意，大有顚倒。師每處照舊應以正貢。或以恐發回將累公者，師曰：“於理宜然，奚所計累。”

校士畢，入鄉場。師大小事無不精辦，至作程文閱卷，及取士俱核，監臨嘆曰：“材全德備，可大受，又可小知，君子以上人物哉！”

秋後，徵收屯米，大有餘羨，至多露貯。撫院笑以問師：“何術致此？”師正對曰：“只舉斯心加諸彼而已。”撫院改容稱服。

時又總司印，江陵時欲多決重囚，巡按愚所李公托師詳審，師開決數甚少。李曰：“不致取怒耶？”師曰：“此處利害得失，須較輕重。古之爲囚求生道者，何所不至，而敢希人意多殺戮乎？”臨期捆縛，師爲熱湯飯、盛柴火，教以動念向善，俾一靈有歸，不爲世害，且得終吉。囚徒感泣，罔有怨詈。後李見師必曰：“決囚後每夜怯於獨宿，如非公確減其數，此心何以安也！”師曰：“獨宿雖無所懼，不安自是本心。”比江陵見人數少，各坐罰俸。師語共事諸公曰：“罰俸自是不佞分内，獨以累諸公，心不安耳。”諸公咸曰：“吾輩甚安。”師曰：“諸公安，不佞安矣。”

丁丑，師築近省晋寧、安寧二州城。暇日輒臨鄉約，其父老子弟群聚聽講者動以千計，風聞遠邇，爭鬥漸息，幾於無訟。凡獄有疑，決

---

① 《禮記·中庸》載孔子回答魯哀公問政，說：“故爲政在人，取人以身，修身以道，修道以仁。仁者人也，親親爲大；義者宜也，尊賢爲大。親親之殺，尊賢之等，禮所生也。”

在俄頃。至於旌表節孝，多特舉焉。

二月，轉左參政，總理兩司。於遠村築塘，開局鑄錢，無不立辦。未幾，捧賀入京，士民遮道呼號，依依不能捨去，真若赤子之戀慈母也。

慶賀事畢，師具疏乞休。同志畢集，日爲會。張江陵亦遣三子禮謁師寓，師以通家子姪待之，至有所論列，師不貶從，止各饋以紗一疋，翻刻《感應書》一册。江陵滋不悦。義河李公面師言曰：“昨見政府，謂公處滇中事甚當，即書報都院，必復借重一行，其如遠勞何？”蓋以嘗試師，且畏人言，欲其少附己，當終用之也。師謝曰：“深荷垂念，但早已具告吏部，今不復入矣。”李即以其言復，張益快快。是日，師遂移寓城外寺中。諸同志聞師具告，多攜席就師宿，而司寇白川劉公亦攜榻赴焉。張素不悦劉，乃嗾一給諫併論之，師致仕歸。

戊寅，師歸卧從姑山房，遠近就學者衆。或曰：“師以講學罷官，盍少輟以從時好？”師曰：“我父師止以此件家儅付我，我此生亦惟此件事幹，捨此不講，將無事矣。況今去官，正好講學。”

時嚴禁講學，或曰：“師宜輟講，庶免黨禍。”師曰：“人患無實心講學耳，人肯實心講學，必無禍也。黨人者，好名之士也，非實心講學者也。”

己卯，從凝齋劉公之請，①偕二子軒、輅入廣，②二子終於肇慶。殮畢，從南海歷惠、潮入閩，遍訪同志所在，大會而後歸。

軒寢疾，執師之手曰：“軒也罪通於天，今死矣。然大人有八孫，一二長者弁矣，可無念軒也。”又曰：“有終窮者年也，無終窮者學也。軒也，願返而更進，亦願大人之學與年而俱進也。”師惕然曰：“請因吾子之言而勉之。”無何，輅疾亦亟，師撫之，輅曰：“死生存亡，命也夫，大人幸自寬，若兒輩之於來去，倏然也。”

―――――――――

① 劉堯晦(1522—1585)，字君納，號凝齋，明湖廣臨武人，嘉靖三十二年(1553)進士，歷任僉都御史，巡撫福建、江西，升兩廣總制，晋兵部尚書。

② 羅軒、羅輅：近溪之子。羅軒(1536—1579)，字叔安，法名一初，改字復初。羅輅(1543—1579)，字叔與，法名貫玄，改字玄易。

楊少宰《冬日記》云：①"子適粵，二子軒、輅卒於端州。視其含殮，周其棺具，遣之歸。門人曰：'子不爲嬴博之禮乎？'②師曰：'安知吳季子非力不能而不得已也？我則賴諸大夫之力也。'遂束適閩，數月而後返。"

師返自閩、粵，門人多疑之，謂其不篤於父子之愛也。黎允儒曰："子惟篤於愛，是以不偕返也。古者，父母之喪，六十不毁，七十衰麻在身而已，教民無以死傷生。而夫子年幾七十矣，偕返，則哀傷以爲不達於道，不可訓也。且子夏與季札孰賢？"③於是疑者頓釋。

庚辰，修本郡之太平橋。

辛巳，鄒給諫元標舉薦理學名臣，其薦師語云："惟道是學，而得失不入於心；逢人必誨，而賢愚不分其類。"郡守敬庵許公笑曰：④"鄒黄門可謂善形容近溪者矣。"

癸未，大修從姑山房，以居四方從遊之士，來遊者日益衆故也。是歲，宜庵楊給諫奏師雲南邊功，語見前，且曰："粹養素譽於鄉評，雅望流芳於宦轍，邇理學之公，舉者可睹已。"

甲申，師七十，遠近學者畢來稱賀，多有挈家就學者，師建洞天樓房居之。大會月餘。秋，從永豐入吉安，訪塘南王奉常。王試問玄門之學，師曰："豈嘗有所聞乎？盍言之。"王漫述艮背之説，⑤師曰："内典謂吾人自咽喉以下皆爲鬼窟。"因極口贊"中庸"二字曰："平常是

---

① 《冬日記》載楊起元《證學編》卷三。

② 嬴與博，春秋時齊二邑名。吳季札葬子於其間。《禮記·檀弓下》："延陵季子適齊，於其反也，其長子死，葬於嬴博之間。""嬴"，一本作"嬴"。後用爲死葬異鄉之典。

③ 季札（前576—前484），姬姓，壽氏，名札，又稱公子札、延陵季子，春秋時吳王壽夢第四子，封於延陵（今常州一帶），後又封州來，傳爲避王位，"棄其室而耕"常州武進焦溪之舜過山下。子夏（前507—前400），姬姓，卜氏，名商，字子夏，南陽温邑人。孔門十哲之一。才思敏捷，以文學著稱，被孔子許爲其"文學"科的高才生。

④ 許孚遠（1535—1604），字孟仲，號敬庵，浙江德清人。嘉靖四十一年（1562）進士。歷官南京工部主事、廣東僉事、建昌知府、陝西提學副使、右僉都御史兼福建巡撫、南京兵部右侍郎等。贈南京工部尚書。師事唐樞。

⑤ 《周易·艮》卦辭："艮：艮其背，不獲其身，行其庭，不見其人，无咎。"

道,何事旁求?"是夕,聯榻而寢。比四鼓,師問奉常曰:"近日何如?"
王曰:"吾惟直透本心耳。"師詰問本心,王請示。師曰:"難言也。譬
如蒸飯,必去蓋,乃知甑中有飯;去甑,乃知釜中有水;去釜,乃知竈中
有火。信難言哉!"王曰:"豈無方便可指示處?"師曰:"莫如樂,第從
樂而入可也。"次日,士人有以專持佛號求往生爲學者,王問曰:"若此
者何如?"師曰:"得無全靠彼乎?"王曰:"學者攝心方便之門不一,亦
均之爲有靠也。"師曰:"此當有辨。"過安福,訪穎泉鄒公;①至永新,拜
山農顏公;適泰和,會廬山胡公。師曰:"此行了數十年期約會。"敬齋
張公北上,邀師同舟劇談。張後語人曰:"近老説書,真俟百世聖人而
不惑,幸善繹之,人毋泥舊聞作障也。"是歲,按院珠泉韓公薦地方人
材,其薦師語云:"興味超然物表,志趣迥出塵埃。雅談性命之宗,日
起清修之譽。"

乙酉,師大會同志於江省。

丙戌,雁山季建昌重刻師《會語》各集,藏於府庫。是夏,師同楚
中柳塘周公,②自建昌溯江省,從鄱湖至玉山,入浙河,下錢塘,過嘉
興,過姑蘇,過無錫。所至與同志及名流無不傾倒。時不佞儒偶薄遊
三衢,荷師以所刻《會語》六冊封賜,且手書惓惓以道之至者相勖也。
季春,師詣留都,約如真李君、③澹園焦君輩談學於永慶寺。隨舉會於
興善寺,又大會於雞鳴山之憑虛閣。

師會憑虛,講《中庸》"費隱"章義,其略見前。又有問"人之所以異於
禽獸幾希"者,師曰:"注疏家謂'人得其全而爲人,物得其偏而爲物',④

---

① 鄒善,鄒守益第三子,安繼甫,號穎泉,嘉靖三十五年(1556)進士,江西安福人。歷任刑
部主事、山東督學、廣東布右布政、太常寺卿。他繼承乃父遺風,致力講學活動。

② 周思久(1527—?),字柳塘,湖北麻城人。嘉靖三十二年進士,任瓊州守。

③ 李登,明嘉靖時南京人,字士龍,號如真生,曾任新野縣丞,著有《六書指南》《書文音義便
考私編》。

④ 《孟子章句集注·離婁下》注"孟子曰:'人之所以異於禽獸者幾希,庶民去之,君子存
之'",謂"人物之生,同得天地之理以爲性,同得天地之氣以爲形;其不同者,獨人於其間得形氣之
正,而能有以全其性,爲少異耳。"

此專屬形氣而且明白現前。凡有知識所共聞見，不俟賢哲而始通曉者，第孟子此個幾希類之舜之異於深山野人、①'夜氣之好惡與人相近'，②皆是指此性體，而所指性體，亦且最是微妙，況存之則入聖賢，去之則同禽獸，安得以眼前粗迹而輕易言之。愚謂此章歷論群聖，其意主在憂勤惕勵，生於覺悟警省，故敢以此覺字爲異於禽獸處也。蓋天命流行，物與無妄，萬有並育於兩間，其靈性生生渾然一體而無二樣。然其性雖同一生生，其生雖同一靈妙，皆知不待慮，能不待習，總自造化窟中，順便布濩，從蚤至晚，從古至今，流行而了無停機，直達而了無轉識者也。惟人在萬物之中，其靈明稟得尤多，而聖生吾人之內，其神明尤爲獨至，故知能雖普地而同然，而覺悟則超群而先得。百姓雖日用不知，比之物類冥頑，猶堪提喚。此則天地間人物一大限，而君子、小人之存去，似更有憑據也。至於堯、舜、湯、武之性，反皆從覺處形容，其大小難易不同焉耳。至其根源，又從《易經》透來，其曰：'數往者順，知來者逆，是故易逆數也。'③然則聖人性反之，覺又不總是大易之逆知也耶？"問者曰："憂勤惕勵，生於警醒覺悟，此人物之所以大異，君子庶民所以不同是矣。但聖賢逆知之覺，又有大小難易之分，何哉？"師曰："觀之論大舜、禹、湯，亦自可見，蓋聖賢存此憂惕，原是完全己性，而性所統宗，惟是生化之仁，合宜之義。舜之明物察倫而性無不盡者，原不著些子意思，亦不費些子工夫，止係其覺處精通，故其生處順適。因性之仁，由之爲仁，初不知其爲仁，而乃行乎仁；因性之義，由之爲義，初不知其爲義，而乃行乎義。以後聖人卻從

---

① 《孟子·盡心上》："孟子曰：'舜之居深山之中，與木石居，與鹿豕遊，其所以異於深山之野人者幾希。及其聞一善言，見一善行，若決江河，沛然莫之能禦也。'"

② 《孟子·告子上》："雖存乎人者，豈無仁義之心哉？其所以放其良心者，亦猶斧斤之於木也，旦旦而伐之，可以爲美乎？其日夜之所息，平旦之氣，其好惡與人相近也者幾希，則其旦晝之所爲，有梏亡之矣。梏之反覆，則其夜氣不足以存；夜氣不足以存，則其違禽獸不遠矣。人見其禽獸也，而以爲未嘗有才焉者，是豈人之情也哉？"

③ 《周易·説卦傳》："天地定位，山澤通氣，雷風相薄，水火不相射，八卦相錯，數往者順，知來者逆；是故，易逆數也。"

明物察倫以去全體仁義，大小難易豈不略有差殊？而憂勤惕勵雖同，
其覺之初起，恐未可同日而語也。”

　　又問：“‘《易》之逆數’，請一言盡之。”師曰：“夫道一而已矣。道
一則學亦一，豈有聖人盡性只是一覺，而聖人通易又不是一覺也哉？
蓋語道至於大易，則天地民物、五倫萬善極其具備純全，了無纖毫欠
缺，惟是聰明神聖方能與之吻合符同，則易理可語道之全，而聖心可
語易之全矣。然究其所以吻合符同，則惟此‘覺’字庶足以形容，而學
者因之而有入頭處也。易之爲易，其充塞寰穹，樞機造化，惟是一神，
以靈妙而通顯之。在天則萬萬成象，在地則萬萬成形。①凡所成形象，
萬萬皆乘其元化之靈妙通顯而爲知能，是以周遍活潑，體段若可區
分，而真精了無間隔，昭彰謂之帝則，繼承謂之己性，而實則渾全是爲
易理也。此之易理本神明不測，本靈顯無邊，故物至則知之，知之則
幾動，幾動則吉先。象者，象此，以其稍著而言；爻者，效此，以其稍隱
而言，而實則皆先幾之微眇而妙覺之圓融也。故自天行之健象，而即
象之以不息之自强，②自乾龍之初爻，而即效之以潛藏而勿用。③推之
而至於諸象諸爻，豈不總是贊聖神妙覺以開先，而啓吾人純心以慎動
也哉！至其中每以卜筮爲言，蓋聖人欲示人幾先之爲靈，乃以龜筮之
出於無心者證之，而其靈乃益顯；欲示人以聖覺之爲妙，乃以玩占之
周於萬變者證之，而其妙乃益神。要之，言在卜筮而意在知幾，似未
可拘方而泥之也。”又問：“聖之神幾善易是矣。學者欲從覺而入聖，
則何如？”師曰：“此則大小難易之説，似不可不預講也。蓋《易》之卦，
雖六十有四，而統之則在乾坤，乾坤雖云並列，而先之又在乾卦。故
學者欲了達全《易》，須是開通覺性，欲開通覺性，須是先明乾道。夫
天者乾之形體，而乾者天之性情。故乾即是天，而純粹以精，無時而

---

　　① 《周易·繫辭傳上》：“天尊地卑，乾坤定矣。卑高以陳，貴賤位矣。動靜有常，剛柔斷矣。
方以類聚，物以群分，吉凶生矣。在天成象，在地成形，變化見矣。”

　　② 《周易·乾·大象傳》：“天行健，君子以自强不息。”

　　③ 《周易·乾》初九爻辭：“潛龍，勿用。”

不運也；天即是乾，而大生並生，無處而不包也。無處不包，則天體無外，天不外乎我，而我獨外乎天哉？無時不運，則乾行不已，乾不能已乎我，而我獨能已乎乾哉？是則大明乎乾之始，而全經之始，無弗明矣；大明乎乾之終，而全經之終，無弗明矣。蓋陰陽之内外遠近、大小高下，不過六位時成，而天之體盡之矣；陰陽之消長進退，順逆吉凶，不過六虛周遊，而乾之健盡之矣。譬之規一設而天下無餘圓，矩一立而天下無餘方。然則乾卦之位定行周而卦外復有餘卦，爻外復有餘爻也哉？其視舜之由行仁義，明物察倫，沛然決江河而之四海，①其於群聖之大小難易，豈不昭然若指掌哉？敬因幾希之論而併及焉。”

留都之會屆一月，殆無虛日。黎允儒集有《會語續録》，大司成灊陽趙公刻之，貯於國學中。

師自留都，大會蕪湖，大會涇縣，大會寧國，縉紳士民一時雲集，又從祁門過饒州，②晤史惺堂諸公。③

丁亥，復所楊太史就學姑山，遂同旴之名彦，爲師建講堂於鳳凰山之麓，扁曰“明德堂”。是秋，赴建陽崔令之請，師過新城，灊谷鄧君元錫謁師曰：④“錫自垂髫從師遊，蓋亦有年，學問宗旨未免無疑。及讀《會語》全集，方知明興論道，無如師之精實而明瑩者矣。”（崔，寧國人，師門生也。）

師過泰寧，士友畢集。會中言有一年高士夫，疾垂危，而咸爲感傷者。師曰：“諸君不必過傷，死生晝夜常事耳。”在坐改容問曰：“死生晝夜，古實有此語，然夜可以復晝，而死則豈能復生？”師曰：“諸君

①　《孟子·離婁下》：“人之所以異於禽獸者幾希，庶民去之，君子存之。舜明於庶物，察於人倫，由仁義行，非行仁義也。”

②　趙志皋（1524—1601），明代内閣首輔。字汝邁，號灊陽，浙江金華府蘭溪縣人。隆慶二年（1568）進士第三（探花）。著有《内閣奏題稿》《四遊稿》《靈洞山房集》《灊陽詩集》等。

③　史桂芳，字景實，號惺堂，江西鄱陽縣人。嘉靖三十二年（1553）進士。性耿介，學宗陳獻章。初知歙縣，廉直愛民。歷知延平、汝寧二府，遷兩浙鹽運使。有《惺堂文集》十四卷傳世。

④　鄧元錫（1529—1593），字汝極，號潛谷，人稱“潛谷先生”。江西南城人。嘉靖三十四年舉人。早年遊羅汝芳之門，後從鄒守益、劉邦采諸人論學，不復會試。其學淵於王守仁而不盡宗其説，反對空疏學風。

知天之晝夜，果孰爲之哉？蓋以天有太陽，周匝不已而成之者也。心在人身，亦號太陽，其昭朗活潑，亦何能以自已耶？所以死死生生，亦如環如輪，往來不息也。"有一年高者，撫掌笑曰："不佞平生常以此繫念，從今聞此，稍稍放心矣。"

至建陽，大會數日，有《建陽會語》。守道見我袁公，建近溪先生行館。

戊子夏，師靜養姑山，命諸孫勿往留都應試。

六月，從姑山崩一角，風拔大木百餘株。

八月，師微疾，命門弟子來宿，日夕談學不倦，且貽同志書曰："不肖謝世，萬罪！萬罪！《會語》幸毋忘平生也。性命一理，更無疑矣。惟諸君珍重！珍重！"

八月二十八日，盱川許公洛、厚山丘公浙問疾。師曰："我於塵事不著一毫，此心廓然矣。"

南城四尹魯文問疾，請曰："老師疾，宜用玄門工夫。"師曰："玄門養生，壽僅千百。若此學得力，則自是而千萬年，千萬年猶一息耳。"諸孫復懇如魯請，師曰："汝輩與諸友著緊此學，便是延我命於無窮。不爾，年歷數百，奚益哉？"

二十九日辰初，師冠服，禮謝天地祖考畢，端坐中堂。弟子環侍請教言，師曰："徒言不是道，滿前洋溢，便是發育萬物，峻極於天。"徐曰："人生天地間，須要有頂天立地志氣，不可一毫落寞。"又曰："此學玄微，不是說了就罷，須是發一個不惜身命，心無一毫爲世事念，時日不放，後來方有成就。"

師謂諸生曰："汝輩爲學，切忌幫補湊合。大抵聖賢立教，言雖殊而旨則一，儻得一路以進，即可入道。若落補湊，便成葛藤，終無成日。"

孫懷智問："本體如何透徹？"師曰："難矣哉！蓋聰明穎悟、聞見測識，皆本體之障，世儒以障爲悟者多矣。若欲到透徹景界，必須一切剝落净盡，不掛絲毫，始得。甚矣，透徹之難也，勉之！勉之！"

師謂懷智曰:"此學惟患性命之脈絡不真。性命脈絡不真,則天人之機緘不達;天人機緘不達,則精神之積累不恒;精神積累不恒,則生化之妙用又豈容襲取而强致之哉?予每對學人,直以是告,而信者絶無一二也。"

或問修身爲本,師曰:"仁者人也。人渾然只是一個仁,便是修身爲本。"有頃,召諸門人及諸孫,手授《會語》八卷,且楷書《中庸》"大哉洋洋"之章,再三叮嚀以別。諸孫問:"考終有何語?"師曰:"諸事俱宜就實,盂圓則水圓,盂方則水方。"

孫懷智問師去後有何神通。師曰:"神通變化,此異端也,我只平平。"

中午,益府左長史萬君言策問疾。師命具紙筆,手書曰:"此道炳然宇宙,不待言説,古今自直達也。後來見之不到,往往執諸言詮。善求者,一切放下;放下,胸中更有何物可有耶?願同志共,無惑焉!無惑焉!盱江七十四翁羅某頓首書。"書竟,授萬已,拱立舉手,目送出。萬出,則拜師於前堂,師猶遣人致遜謝語云。時海虞袁都督世忠爲建昌總,目擊其事。萬出,遇袁,語云:"先生當彌留之際,志意堅定,言動不失故常,字勢遒勁,行列端整,且計日反真,如歸故宅,一切放下宗旨,進於忘言也已。"

九月初一日,師自梳洗,端坐堂中,命諸孫次第進酒,各各微飲,仍對衆稱謝,隨拱手別諸門人曰:"我行矣,珍重! 珍重!"諸門人哭留,師愉色許曰:"爲諸君且再盤桓一日。"初二午刻,整冠更衣而逝。從午至申,坐不少偏,越日乃斂。顔色紅活,手足綿軟如生。

殮之日,門人雲集,相向而哭,聞者不問遠邇,即愚夫愚婦莫不設位舉哀,盱城内外爲之罷市。七日之内,悲號嘆息,所不忍聞。

門人楊起元、董裕、詹事講、蕭彥、①鄧鍊輩數百人,私謚之曰"明

---

① 蕭彥,字思學,南直隸涇縣(今安徽省涇縣)人。明隆慶五年(1571)進士。初任杭州推官。萬曆三年(1575)升任兵科給事中,歷任工科左給事中,太常侍少卿,右僉都御史,巡撫貴州、雲南等。後累官至兵部右侍郎,總制兩廣軍務。卒謚定肅。

德先生”，就鳳凰山之麓明德堂中，立師祠，春秋祭享。迄今祠中月聯友爲會，每會誦《近溪子全集》數條，共相勸勉云。

塘南王太常及師從弟汝貞、孫懷智所作師《傳記》中有云：“先生當太湖離任，邑吏以公費餘金，請受爲路費，竟斥置官庫而行。後署晋安，道篆所親私閲案牘，其官遷轉不常，卷經數十年未刷，一刷可得金數百餘，間請於師，師誦唐人詩‘此鄉多寶玉，慎勿厭清貧’①句不置口，遂不敢復請。先生之介如此。至鬻產貸金以急師友之難，傾囊倒困以應饑乏之求，即人以禮饋，隨手散施，澹然其忘情也。先生之薄利，殆罕其儔，而昧者以有欲之心，藉口於先生之脱略蹊徑，遂蕩然潰防敗節，以儳附於狂簡者，不亦遠哉！”

又云：“先生早歲於釋典、②玄宗，無不探討；緇流、羽客，延納弗拒，人所共知，而不知其取長棄短，確有定裁。門人中有閲《禪宗正脈》者，諸孫中有閲《中峰廣録》者，③先生見之輒曰：‘爾曹慎勿觀此。禪家之書，最令人躲閃，一入其中，如落陷阱，更能轉頭出來復歸大道者，百無一二，戒之！戒之！且潛心於《大學》孝、弟、慈之旨可矣。’”④

門人萬司理煜狀曰：⑤“我師之學，直接孔氏，以求仁爲宗，以天地

---

①　“勿”，《四部叢刊》載《岑嘉州詩》作“莫”。岑參《送張子尉南海》：“不擇南州尉，高堂有老親。樓臺重蜃氣，邑里雜鮫人。海暗三山雨，花明五嶺春。此鄉多寶玉，慎莫厭清貧。”參見《岑嘉州詩》卷之三，《四部叢刊》景蕭山朱氏藏明正德刊本，第 46 頁。

②　“早歲”二字底本無，據王時槐《近溪羅先生傳》補。參見《羅汝芳集》下册（鳳凰出版社，2007 年），第 858 頁。

③　《中峰廣録》，中峰明本撰，北庭慈寂等編。詳稱《天目中峰和尚廣録》。全書除廣徵諸經書之外，並引用羅什、天台、傅大士、賢首及荆溪等人之所説，且言及達摩、惠能、臨濟、黃檗、趙州等禪僧之語句，其中心思想爲禪净雙修、教禪一致。明本（1263—1323），元朝僧人。俗姓孫，號中峰，法號智覺，西天目山住持，錢塘新城人。

④　此段中“確有定裁”以下，王時槐《近溪羅先生傳》作：“今《會語》出晚年者，一本諸《大學》孝、弟、慈之旨，絶口不及二氏。伯愚嘗私閲《中峰廣録》，先生一見輒持去曰：‘汝曹慎勿觀此，禪家之説，最令人躲閃，一入其中，如落陷阱，更能轉頭出來，復歸聖學者，百無一二，戒之哉！惟潛心《大學》孝、弟、慈之旨足矣。”參見《羅汝芳集》下册，第 858 頁。

⑤　道光《廣東通志》卷二五二《瓊州府》：“萬煜，南城人，舉人。萬曆間同知雷州，端方精練，遇事斧斷理解，吏憚惴不敢舞文。修萬金溪以資灌溉。任雷七載，士頌民懷，署瓊數月，平崖黎亂，政聲茂著。兩臺多會薦，以補瓊守，竟以他事左遷去。士民立碑誌去思。”

萬物爲體，以孝、弟、慈爲實功，以古先聖神爲矩則。故其躬行實踐，無論居家居官，如是而學，如是而教，勤勤懇懇，惟欲聯屬斯世以歸仁。所至，必起講會，每講必有語録，一句一字，喫緊指點，良知顯現目前，通人己，塞天地，貫古今，無間無息，開示學者從入之路，未有若是其簡易而精實者，吾儕能自信而自得之，則知性知天，立地可以躋聖也已。"

門人詹柱史事講云："吾師仕則以其學敷之政，不仕則以其政敷之教，歷七十四年，無日不在斯道。任重道遠若此，孰非本道之大原而措之躬行者哉！"又云："師嘗語人曰：'鳶飛魚躍，無非天機；聲笑歌舞，無非道妙；發育峻極，眼前都是。'其超然灑然，見之襟懷；雍然穆然，見之家庭；油然熙然，見之處人接物。"又云："講每見師，居常無日不親師友，無念不通人心。自志學之初，以至令終之日，孜孜矻矻，惟成就後學是急。蓋師之心，仁心也；師之心，仁體也。仁者以天地萬物爲一體，師其有之矣。"

瀔陽趙閣學志皋云："予素心理學，龍溪王公謂予曰：'江右近溪羅先生雅好學，大建旗鼓，爲四方來學倡，戶屨常滿，束裝就業，無間遠邇。'"又云："先生之學，大都指點人心，以日用現前爲真機，以孝、弟、慈爲實用，以敬畏天命爲實功，一念不厭不倦爲朝夕。家常茶飯，人人可食，何智何愚，破觚爲圓，言言中的，徹天徹地。高之不得，率履不越庸常；卑之不得，易簡通乎天載。渾玄渾釋，忘俗忘儒，心涵天地之虛，量沛江河之決，學之得其大者也。尼父篓篓一脈，千百年來闃而不通者，真至先生而衍其派矣。"

龍溪王先生曰："羅近溪，今之程伯子也，接人渾是一團和氣。"

陽和張學士曰：[①]"羅近溪之心胸，風光月霽。羅近溪之氣宇，海闊天空。羅近溪之辭語，金聲玉振。羅近溪之威儀，鳳文麟趾。予私

①　張元忭(1538—1588)，字子藎，別號陽和，今浙江紹興人。隆慶五年(1571)狀元，授翰林院修撰。萬曆中爲左諭德兼侍讀。爲學初從王畿，篤信陽明。中年之後批評王畿只識本體而諱言工夫，生平與鄒元標、羅汝芳、周海門、顧憲成相友善。著有《張陽和集》《不二齋論學書》。

願爲之執鞭也。"

心穀陳冢宰有年曰：①"世之談名理者，往往先要眇，後倫物，乃近溪《會語》言言孝弟慈不置也。不佞陋，然而於夙心若有契焉者，茲且益自信，歸而求之，毋敢隕越云。"

塘南王奉常時槐曰："先生脱略蹊徑，渾無朕迹，人所共知，而不知其中貞白無瑕，一切外物嗜好都絶，芥視千金，曠然不浼，舉以與人，若拂輕塵，實出性成，非由强作。"又曰："讀近老諸刻，具占此老真悟，一洗世儒種種安排造作之弊。"

雲陽譚中丞希思曰：②"公即境即言，發其渾淪活潑之機，啓以並生同生之天。有苦思慮起滅者，則以心體未透覺之；有以中常炯炯爲得力者，則以赤子原未帶來正之；有以持心不放爲工夫者，則以意念端倪、聞見想像之錯認者提醒之。隨問隨答，惟是性靈朗耀，洞徹空澄，而迥無隔礙，自然圓妙迅疾，一粒而九有盡含，一息而萬年莫竟，總括之以'覺'字，覺靈知也，言人心之靈，動於感應，其是非得失，纖微罔不自知，循其知而致焉，是聖賢之關鑰也。"

嘉定張建昌恒曰：③"參政羅某，生而有作聖之思，夙已契性天之旨。自陽明王子倡良知之學，本宦私淑其傳，益加闡發，揭孝弟爲良知之本體，指敬畏爲致知之工夫，謂信得過即聖賢實修，當得起即堯舜事業，於是人人皆直見本來面目，在在可保養赤子真心。蓋接孔氏之傳，翼顔、曾、思、孟之統，而大有功於來學者也。若其襟懷光霽，魚

---

①　陳有年，字登之，號心穀，浙江餘姚人。嘉靖四十一年(1562)進士，授刑部主事，遷吏部驗封司郎中，忤張居正，謝病歸。萬曆中起稽勳司郎中，歷官太常少卿、吏部右侍郎。萬曆二十一年(1593)擢南京右都御史。因啓用禁錮諸臣、疏留顧憲成忤帝意，次年致仕歸。卒諡恭介。著有《陳恭介公文集》。

②　譚希思(1542—1623)，字子誠，號嶽南，秩堂毗塘(今屬湖南茶陵)人。明萬曆二年舉進士，擢南御史，正直敢言，不畏權貴，尋授僉都御史，巡撫四川。潛心研究理學，著有《明大政纂要》《四川土夷考》，均收入《四庫全書》。

③　張恒，明詩文家，字伯常，嘉定(今屬上海)人。萬曆八年進士，歷知茶陵、興國二州，入爲刑部員外郎，出知饒州，歷按察副使，陞太常寺少卿。後因母老告歸。著有《明志稿》《長吟草》，另著有《因明子》《學蔀撤辨》等。

躍鳶飛，度量汪洋，天空海闊，雖百家有一善，拜受不遺，雖愚夫生一問，曉告必盡。所著《近溪全集》等書，宗旨統一，血脈貫通，允矣印正六經，實非支離章句。至於揚歷中外，無論職任淺深，因事燭照，爲民造福。疾革之時，細書別言，心地足占寧澈。身没之後，家徒壁立，子孫不免饑寒。竊以本宦非止鄉國之善士，所當題請從祀孔廟，得附先儒之列，與薛瑄、王守仁同芳，庶乎道統昭明，而人心激勸矣。”

建昌簡教授似參曰：“概其生平，學詣玄深，道臻廣大，卓矣往聖之正脈，昭然後學之芳規，允曰真儒，宜當從祀孔廟者也。”

南皋鄒史部元標曰：“先生目與人同，不見人過則與人異；口與人同，樂道人善則與人異；心與人同，而以衆人之心爲心；身與人同，而以衆人之身爲身。有官也，而以百姓之肥瘠爲營，勿恤乎家矣；有學也，而以衆人之立達爲先，勿執乎己矣。其尚友也，時釋時玄，不廢參究，一軌於大道；其論著也，爲訓爲典，極其闡揚，一根於真性。謂先生有見乎，則與愚夫婦同體，未嘗有見也。上焉者得先生眉睫間，下焉者亦忻忻化育中，以養以造，先生非吾黨之元氣乎？夫元氣周流布濩天壤間，不可得而見，惟觀造物，生者生，化者化，飛者飛，潛者潛，動植者動植，始知元氣之功大。吾黨自成者成，自道者道，得言者忘言，得意者忘意，得象者忘象，不事雕鑿，渾然天成，始知先生之功大，予不得而窺先生之學矣。”

福建周撫院寀曰：①“先生之學，得其大，故以天下國家爲範圍；見其真，故以天則流行爲作用。目前覿體，故不落言詮；時時契合，故不煩防檢。無揀擇，故不爲世局格套所束；無黏滯，故不爲物情好惡所染。立言近易，而旨味玄深；受用自在，而鍛煉艱苦。人知先生之樂，而不知先生之憂；人見先生之不立異，而不知先生之翛然有以特異也。”

天臺耿師奠羅師文，有曰：“予惟斯道，原本於天。率迪厥性，古

---

① 周寀，江西安福人，萬曆年間任福建巡撫。

今同然。天道本易，易則易知。人多忽易，而騖險奇。天道本簡，簡則易從。人顧厭簡，煩縟是崇。惟公知德，學宗易簡。敷衷而語，語不爲選。信心而行，行忘押檢。不思不慮，直躋聖域。致中致和，直基位育。孔氏血脈，惟是求仁。孔氏路徑，惟是同人。親親長長，天下斯平。惟學惟誨，集聖大成。志紹孔業，誰可與論。惟公智及，世鮮其倫。"

《冬日記》云："先師平生，將有所適，則同志預戒以待。及其至也，輒數十人在同寢食矣。次日多至百人，少亦不下五六十人。再過一二日，則二三百人，此其常也。其去也，相信者依依不忍別，常送至二三百里而後返。"

又云："諸友坐定，①先師至，常嘆曰'都是聖人！'蓋欲以發商量之端，亦其恭之至也。二子，長軒、次輅，氣志高明，不爲塵凡羈鎖，參學遠遊，時人多不滿，而先師獨喜，竟成就其所學，先師時引以爲弗及也。其視子姓僮僕，皆謂吾弗如，故言教鮮。若先師者，可謂身教之至矣。"

復所楊少冢宰起元曰："斯道以聞知者爲主，見知者爲輔，由孔子而來千有餘歲，然後我高皇帝聞而知之。高皇帝之學，直接夫堯、舜、湯、文、孔子之統者也。惜其時無見知之臣爲之輔，是以六合之內，徒仰其成功之巍、文章之煥，②而其則天難名之盛，尚鬱而未宣。其間真儒輩出，而莫知其統，是以欲超帷牆之見，馳域外之觀，而終有所拘牽，莫之敢也。文武造周，至孔子，且六百年矣，其道猶未墜地而在人，而高皇啓運至今二百餘年，識其大者誰乎？則輔佐非望、散之流可知也。③然觀孟子之見知，已後孔子數十餘年，則見知我高皇者，何

---

① "定"，楊起元《證學編》卷三《冬日記》作"次"。

② 《論語·泰伯》："大哉堯之爲君也！巍巍乎，唯天爲大，唯堯則之。蕩蕩乎，民無能名焉！巍巍乎其有成功也，煥乎其有文章！"煥，光明貌；文章，禮樂法度之稱，爲對德行、功績的稱讚之語。

③ "望"指太公望姜子牙；"散"指散宜生，兩人均爲西周開國功臣。

必當其時哉！予之學，蓋師旴江近溪羅子。羅子之學，實祖述孔子而憲章高皇，①爰自江門洗注疏之陋。②姚江揭人心之良，③暗合於高皇，而未嘗推明其所自，則予所謂莫知其統者也。姚江一脈，枝葉扶疏，布散寰宇，而羅子集其成焉。其延接後學，有所闡演，必以高皇'聖諭六言'爲稱首。夫天地之神靈萃於人，無終無窮，其與日而俱新、與月而俱盛焉固也。"

又曰："吾師之學，至矣！蓋孔子求仁之旨，的在《大學》。《大學》一書，是性體與矩式兼至者也。秦漢以來，悠悠千載，其間豪傑之士，聰明超悟者，或見性體矣，而未必盡合其矩式；高邁倬行者，或遵矩式矣，而未必能透夫性真。惟吾師之學，發志最早，自髫齔之年，以及壯強衰老，孜孜務學，未嘗少倦，參訪於四方高賢宿德，惟恐不及。德無常師，善無常主，但聞一言之益，即四拜頓首謝之。會衆智以稽古訓，契《中庸》以歸《大學》，靈透洞徹，生德盎然，而其躬行密實，殆篤恭不顯矣。故其隨人啓發，直指性體，至所真修，刻刻入神，非言所及也。每稱高皇，道並羲黄，而六諭乃天言帝訓，居官居鄉，極力敷衍。蓋畏天命、畏大人，學不厭、教不倦，平常而通性命，易簡而該神化，自孔子以來，未有吾師者也。"

又曰："人一也而有大人，學一也而有大學，聖一也而有大聖，心一也而有大心。起不敏，何足以知吾師哉！宇宙之内，必有大人焉，具大心，學大學，作大聖者，於吾師之言，旦暮遇也。"

---

① 祖述：效法、遵循前人的行爲或學説。憲章：遵從，效法。《中庸》"仲尼祖述堯、舜，憲章文、武；上律天時，下襲水土"。

② "江門"指陳獻章。陳獻章(1428—1500)，字公甫，別號石齋，廣東省江門白沙里人，又稱白沙先生。陳獻章的白沙心學打破程朱理學沉悶和僵化的模式，開啓明代心學先河，在宋明理學史上是一個承前啓後、轉變風氣的關鍵人物。從陳獻章宣導涵養心性、靜養"端倪"之説開始，明代的儒學實現了由理學向心學的轉變，成爲儒學發展史上的一個重要轉捩點。

③ 姚江，古名舜江，又稱餘姚江。明代心學最爲重要的代表人物王陽明生於浙江餘姚，故陽明學派又稱姚江學派。

《盱壇直詮》跋

曹胤儒

　　萬曆丙午初夏，不佞儒過了凡袁丈於吾蘇之開元僧舍，①相與揚榷斯學，蓋溢志而盡其事已。袁丈曰："邇來理學先生立言於世，没而不朽者，莫過於盱江近溪羅先生。先生近宗王文成，遠溯程宗正，②弘洙泗之風，③而懸諸日月，恨予相遇之日疏也。猶幸座師嶺南復所楊先生爲先生門人，予時竊聆其緒言，楊先生今亦棄門生矣。予欲自適而不可，將參驗而必之。子親受業於羅先生且久，其何以道予先路？"不佞爰少述先師誨人大義，重以一二微言。袁丈則竦意而聽焉，怅然若有所深解焉。不佞遂出暇日手所編《盱壇直詮》，邀爲校之，是亦有意存焉。袁丈袖之曰："俟予卒業而更謀之子也。"越三四昕夕，袁丈過予石鼓草堂曰："予反復是編，恍如挹羅先生之音容，而下風其謦欬也者。楊師所謂若泛巨溟而遊清都，匪虚也。今予亦無庸校矣，曷不亟梓之以公之人。"不佞諾之，徐與社中文所馮丈、④吳西葉丈、⑤省餘黄丈、又玄尤丈商之，皆以爲然。乃摭其緒跋之，轉而授之新都程君仲秩，仲秩蓋服膺是編者。

　　萬曆己酉仲春既望，吳郡門人曹胤儒識。

---

　　① 袁黄（1533—1606），初名表，後改名黄，字慶遠，又字坤儀、儀甫，初號學海，後改了凡，後人常以其號"了凡"稱之，浙江嘉興人。撰《了凡四訓》，融會道教哲學與儒家理學，勸人積善改過，強調從治心入手的自我修養，提倡記功過格，在社會上流傳甚廣。

　　② 程宗正，即程顥。程顥（1032—1085），字伯淳，號明道，世稱"明道先生"，河南洛陽人。北宋理學家、教育家，理學的奠基者，"洛學"代表人物。宋仁宗嘉祐二年（1057）進士，歷官鄠縣主簿、上元縣主簿、澤州晋城令、太子中允、監察御史、監汝州酒税、鎮寧軍節度判官等職。元祐元年（1086）宋哲宗即位，召其爲宗正丞，未行而卒，得年54歲。

　　③ 洙泗：洙水和泗水。二水在今山東省境内，春秋時屬魯國地。孔子曾在洙泗之間聚徒講學，後因以"洙泗"代稱孔子及儒家。

　　④ 馮時可，字元成，號文所，約生於嘉靖二十年，卒於天啓初年，松江華亭人。與邢侗、王稚登、李維楨、董其昌被譽爲晚明文學"中興五子"。

　　⑤ 葉初春，字處元，吳縣人，自號吳西主人，歷户禮二科給事，天啓初追贈光禄寺少卿。

圖書在版編目(CIP)數據

盱壇直詮校注/(明)羅汝芳撰;(明)曹胤儒編;
翟奎鳳,石霞整理.--上海:上海古籍出版社,2023.7(2025.5重印)
(漢籍合璧精華編)
ISBN 978－7－5732－0741－8

Ⅰ.①盱… Ⅱ.①羅… ②曹… ③翟… ④石… Ⅲ.
①古典哲學-中國-明代 ②《盱壇直詮》-注釋 Ⅳ.
①B248.992

中國國家版本館 CIP 數據核字(2023)第 121497 號

漢籍合璧精華編

盱壇直詮校注

［明］羅汝芳 撰

［明］曹胤儒 編

翟奎鳳　石霞 整理

上海古籍出版社出版發行

(上海市閔行區號景路 159 弄 1－5 號 A 座 5F　郵政編碼 201101)

(1) 網址：www.guji.com.cn

(2) E-mail：guji1@guji.com.cn

(3) 易文網網址：www.ewen.co

上海世紀嘉晋數字信息技術有限公司印刷

開本 710×1000　1/16　印張 10.25　插頁 2　字數 163,000

2023 年 7 月第 1 版　2025 年 5 月第 2 次印刷

ISBN 978－7－5732－0741－8

B・1328　定價：58.00 元

如有質量問題,請與承印公司聯繫